中公新書 2707

安達宏昭著

大東亜共栄圏

帝国日本のアジア支配構想

中央公論新社刊

まえがき

一九四一（昭和一六）年一二月、日本は英米との間に戦争を起こし、アジア・太平洋戦争が始まった。翌年一月の帝国議会で東条英機首相は、戦争を遂行しつつ、大東亜共栄圏建設の大事業に邁進《まいしん》すると述べて、日本の方針を内外に示した。

そもそも大東亜共栄圏という語句は、東条首相による演説の約一年半前、一九四〇年八月一日に第二次近衛文麿内閣の松岡洋右外相が「当面の外交方針は大東亜共栄圏の確立を図る」と記者会見で述べたのが初めてである。会見は前月に閣議決定した「基本国策要綱」を公表するものだった。

松岡外相による記者会見のおよそ二ヵ月後、一九四〇年九月二七日に日本は日独伊三国同盟条約を締結した。この条約は独伊と日本がヨーロッパとアジアでそれぞれ新しい国際秩序をつくり、その指導的な地位に立つことを相互に認め尊重するというものである。大東亜共栄圏とは、世界の再分割をめざす独伊の動きと連動し、東アジアから東南アジアの地域を、日本が盟主になり、政治的・経済的圏域として一つに統合しようとするものだった。それは、日本が総力戦体制を構築するうえで必要としたからである。

では、大東亜共栄圏の範囲とは具体的にはどこを指したのか。先の記者会見で松岡外相は、大東亜共栄圏の範囲について「広く蘭印《らんいん》、仏印《ふついん》等の南方諸地域を包含し、日満支三国はその一環である」と説明している。

日満支とは、朝鮮・台湾などを植民地とする帝国日本、中国東北部に日本が作った傀儡《かいらい》国家満州国、そして中国である。蘭印は蘭領東印度（オランダ領東インド）、仏印は仏領印度支那（フランス領インドシナ）の略称で、ほぼ現在のインドネシアとベトナム、ラオス、カンボジアにあたる。南方とは、現在の東南アジア全体と日本が委任統治領としていた南洋群島を指す。ただし、南方についてはインドやオーストラリアも含めて考える場合もあった。

だが、政府と軍の国策決定の場である大本営政府連絡会議では、一九四二年二月の段階で、大東亜共栄圏の範囲について、出席者によって意見が異なっていた。戦争が始まり、東条首相が前月に帝国議会で大東亜共栄圏建設を表明する演説をしてもなお、政府・軍の中枢でも範囲は明確ではなかった。

なぜ、範囲があいまいでインドやオーストラリアも含めて考える場合があったのか。それは日本が資源を自給するために、インドの銅や棉花《めんか》、オーストラリアの銅、小麦、羊毛などが不可欠だとの認識があったからだ。

このように大東亜共栄圏は、日本が経済的な自給を強く意識したものだった。当時、経済的自給を図るため、主権国家の枠組みを超えて近接する地域が統合される圏域を、「経済自給圏」「広域圏」「広域経済」と呼んだ。大東亜共栄圏は日本が中核となってつくろうとしていた経済自給圏だった。

大東亜共栄圏については、「八紘一宇《はっこういちう》」や「アジアの解放」といったスローガンとともに語られることが多く、近代日本のアジア主義の系譜から読み解くこともできよう。しかし、大東亜共栄圏はそうしたイデオロギーではなく、経済的な自給確保こそが本質だった。

本書では、経済的な問題意識に沿って、日本が経済自給圏として形成しようとした大東亜共栄圏の構想から破綻までを描く。具体的には当時の日本がどのような経済自給圏を構想し、どのように進めようとしたのか、また進めることができたのか、圏域経済の運営はどのように進められたのか。さらには、経済を動かす政治構造は、どのようなものだったのか述べていく。

一九四五年八月、日本の敗戦によって大東亜共栄圏が消えたことは、あらためて言うまでもない。だが、戦後日本が経済的に飛躍的な発展をしたのち、その経済進出がアジア諸国の間で、また日本の識者の間で、大東亜共栄圏のことばとともに、批判的に否定的に語られてきた。いまなお、日本とアジア諸国との関係のなかで語られ続ける大東亜共栄圏とは何だったのか記していきたい。

※本来であれば「　」を付して使用すべき歴史用語や学術用語も、読みやすさを考慮して「　」を外した。引用文中の旧漢字は新漢字へ、歴史的仮名遣いは現代仮名遣いへ、カタカナはひらがなへそれぞれ改め、適宜、濁点や句読点を付した。引用文中には、現在では不適切な表現があるが、歴史用語としてそのまま引用した。ご理解頂きたい。〔　〕は筆者による補足である。

目次

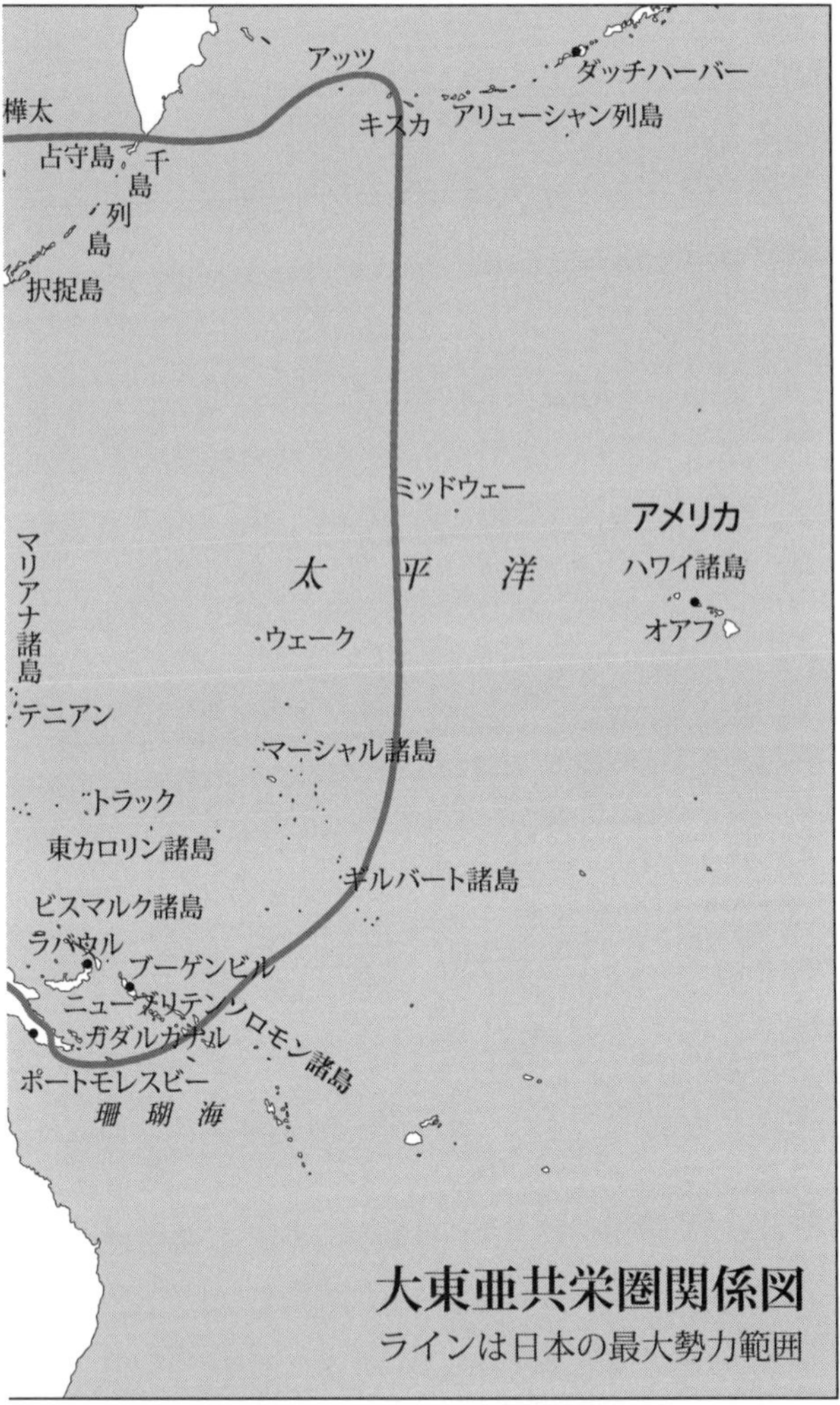
樺太
アッツ
ダッチハーバー
キスカ
アリューシャン列島
占守島
千島列島
択捉島
ミッドウェー
アメリカ
マリアナ諸島
太平洋
ハワイ諸島
オアフ
ウェーク
テニアン
マーシャル諸島
トラック
東カロリン諸島
ギルバート諸島
ビスマルク諸島
ラバウル
ブーゲンビル
ニューブリテン
ソロモン諸島
ガダルカナル
ポートモレスビー
珊瑚海
大東亜共栄圏関係図
ラインは日本の最大勢力範囲

2017年）を基に筆者作成

出典：吉田裕『日本軍兵士——アジア・太平洋戦争の現実』（中公新書,

蘭印・フィリピン関連図

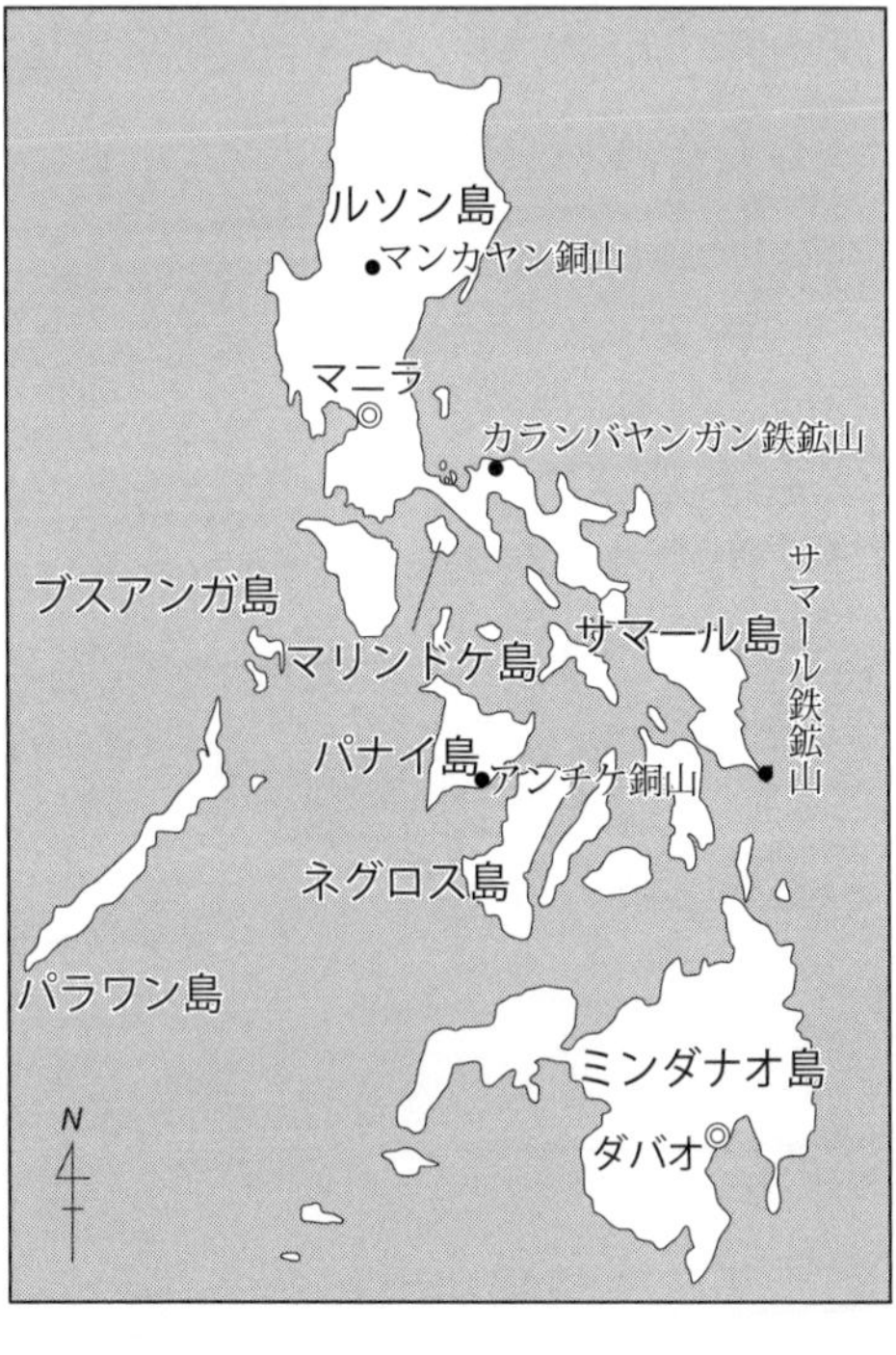

出典：安達宏昭『戦前期日本と東南アジア』（吉川弘文館、二〇〇二年）を基に筆者作成

大東亜共栄圏——帝国日本のアジア支配構想

序　章

総力戦と帝国日本

——貧弱な資源と経済力のなかで

総力戦が求めるもの

大東亜共栄圏とは、一言でいえばエリア内での経済的自給をめざした圏域とも言える。この考えの背景には、帝国日本をめぐる二つの状況があった。

第一に、第一次世界大戦後、日本も含めた各国で次の戦争に備えて総力戦体制の構築が課題となったこと、第二に、総力戦体制構築にあたり、帝国日本が経済面でイギリスとアメリカなどの先発資本主義国家に大きく依存していたことである。

特に第二の点は重要である。江口圭一が指摘したように帝国日本は、アジアでは軍事大国として、英米と覇権を争う自立した行動ができる力を持ちながら、その英米に依存するという矛盾した二面性を構造的に持っていたからだ。その二面性が経済・外交面で英米や中国などとの関係に表れていた。

では、総力戦とは何か。第一次世界大戦より前の戦争は、主に軍隊と軍隊とによる軍事力の戦いであった。しかし、第一次世界大戦では軍事力だけではなく国家の技術力、生産力、宣伝、国民の戦争遂行意思などの国家資源のすべてが投入された。端的に言えば、これが総力戦である。

ヨーロッパ各国では戦場と非戦場の違いが判別しづらくなり、潜水艦、航空機、戦車、毒ガスなどが新たな兵器として使用された。そして、人びとや物資の大規模な動員が行われ、経済は統制された。ヨーロッパで第一次世界大戦の総力戦を知った日本は、大戦中から戦時における総動員体制の準備を急ぐことになる。総動員体制とは、文字通りすべての国民や国内資源を戦争のために投入するシステムである。

日本ではまず、一九一八（大正七）年に軍需工業動員法を制定して、戦時に必要な資源の拠出を定めた。この法律を機に戦時経済統制の準備が始まる。この時期、農商務大臣であった仲小路廉《なかしょうじれん》は、総力戦には原料の自給自足が必要であると主張し、特に工業用基礎原料の自給自足を唱えていた。

陸軍は、一九一七年の段階ですでに『帝国国防資源』のなかで、長期戦での勝利の鍵は戦時に自足経済を経営できるかであり、常に自足経済へ移行できるようにするべきと記している。つまり自前で軍需産業を維持することと、そのための原料を確保できる経済自給圏が必要との認識だった。一九二〇年代半ばに欧米各国で総動員機関が設置されるようになると、一九二七年には内閣に資源局を設置して、総動員計画の立案にあたらせる。

総力戦に必要な自給自足の経済は、特に陸軍を中心に課題となり、一九三四年一〇月に陸軍省新聞班が配布したパンフレット『国防の本義と其《その》強化の提唱』でも同じ主張がなされている。

このパンフレットでは、一九三一年九月一八日に勃発した満州事変後、国際連盟を脱退し、新たな海軍軍縮条約の成立が見通せないなかで、英米との対立やソ連の極東兵力の増強が脅威となっているとし、「非常時」における国防の重要性を説いていた。

そこでは、たとえば、戦時に不足する資源を扱う企業の奨励、不足資源の貯蔵、代用品の研究、戦時海外資源の取得計画などをあげている。英米などとの対立が深まるなか、軍需生産を支える原料資源の確保がやはり課題だった。

このように第一次世界大戦後から第二次世界大戦にいたる戦間期は、総力戦体制の構築が追求される。総力戦体制が構築できれば、帝国日本が直面する危機を突破し、世界の強国として勝ち残ることができると考えられていた。そして、その最大の課題が、自国で軍需産業を育成し、その産業のための資源を調達できること、つまり経済自給圏の形成だった。

第一次世界大戦後の日本の工業力

第一次世界大戦後から一九三〇年代にいたるまで、帝国日本には総力戦を実行できる経済的な条件はほとんど整っていなかった。

第一次世界大戦時の日本は、軍需工業の基盤となる重化学工業や機械工業は発展途上であり、軽工業を急激に発達させ、中国や東南アジアに対して、綿製品などの軽工業製品の輸出を伸ばしている段階だった。第一次世界大戦後も、生糸や綿製品などを輸出し、その外貨により重工業・機械製品を購入する状況のままだった。

第一次世界大戦後、日本は世界の「五大強国」と呼ばれるようになったが、日本の銑鉄《せんてつ》の生産は一九二五年〜二九年の年平均で一三二万トン、世界総生産の一・五％でしかなかった。アメリカが三九二〇万トンで世界総生産の約四六％を占め、ドイツが一一六〇万トン、フランスが九五四万トン、イギリスが六一八万トンと、その差は歴然としていた。

鋼生産も同様で、アメリカは四九六五万トンで世界生産の約四八％を占め、ドイツ一四二九万トン、フランス八六八万トン、イギリス七七七万トンに対して、日本は一七一万トンで世界総生産の一・七％にすぎなかった。アメリカやイギリスとの重工業生産力の差は明白だった。

第一次世界大戦後の一九二〇年代、ある程度重工業も発達したが、それは輸入した中間製品などを最終製品に加工する部門だった。たとえば鉄鋼業は、安価な輸入銑鉄やアメリカから輸入した屑鉄《くずてつ》を鋼材にしていた。国内で鉄鉱石から銑鉄を製造する部門は停滞したままだった。また石油業も、欧米の国際石油資本による油田開発が進んでいたため、安価な外国原油に依存を強めていた。

アルミニウムも同様だった。アルミニウムは、銅線よりも電気の伝導率が高いすぐれた商品であり、銅やマグネシウムを混ぜたジュラルミン合金は高い強度を誇り飛行機の材料になる。しかし、アルミニウムは自由貿易のもと、国際市場で低廉《ていれん》な価格で取引され、地金は海外からの輸入で賄われたため国内では加工部門しかなかった。主要な原料であるボーキサイトは、国内や近隣地域に発見されておらず、その他の原料ではコストがかかるため国内では実験的な生産にとどまり、地金の本格的な国内での製造はできなかった。

一九二〇年代は国際連盟が設立され、東アジアではワシントン海軍軍縮条約が結ばれるなど国際協調の時代であり、自由貿易が国際社会の潮流だった。日本政府は、農商務省を中心に鉄鋼・石油両産業の全面的な自立を検討し、一部の政策を実施した。だが、各省が使える予算では、国際的な競争に対してすべて対抗できるものではなかった。

英米への経済的依存と対英米協調路線

帝国日本は、このように後れた産業に加えて、経済面での英米への依存と軍事面での強い自立を志向する二面性を構造的に持っていた。

経済面での英米への依存は資源、金融、重化学工業化に不可欠な工作機械など多方面にわたった。一九二〇年代から三〇年代前半の日本は、アメリカとの間で生糸を輸出し、棉花、石油、機械類、屑鉄などを輸入していた。輸入した棉花を綿製品に加工して英領植民地などに輸出し、重化学工業の原料を輸入していた。

一九三三年の段階で、重要な工業原材料の三一種目が自給率五〇％以下であり、ほとんどすべてを輸入に頼るものが一七種目あった。重要原料の輸入先は、石油はアメリカ四二％、生ゴムは英領マラヤ六九％、棉花はアメリカ六三％・英領インド二八％、羊毛はオーストラリア九五％、銑鉄は英領インド二三％、鉄はアメリカ二五％・イギリス一六％などであり、特に英米からの供給に大きく依存していた。

金融でも、日露戦争の戦費の大部分を英米を中心とした外債で賄ったのをはじめ、海外発展事業が外資に依拠して行われた。

一九二九年末の日本は七億九八〇〇万円の債務超過の状態だった。一九二三年から三〇年までに英米で募集された外債は一五億八三〇〇万円で、三〇年前後の国家予算における一般会計の規模が一五億から一七億円であったことを考えると、対英米依存は著しかった。だからこそ、一九二一年から翌年にかけて開催されたワシントン会議で、首席全権だった加藤友三郎海軍大臣は、次のように述べて、海軍軍縮条約を締結しようとしていた。

国防は軍人の専有物にあらず。戦争もまた、軍人のみにてなし得べきものにあらず。国家総動員して之《これ》に当るにあらざれば目的を達し難し。故《ゆえ》に一方においては軍備を備うると同時に民間工業力を発達せしめ貿易を奨励し真に国力を充実するに非《あら》ずんば、いかに軍備の充実あるも活用するあたわず〔中略〕米国提案のいわゆる、一〇、一〇、六は不満足なるも、But if この軍備制限案成立せざる場合を想像すれば、むしろ一〇、一〇、六で我慢するを結果において得策とすべからずや。

（『戦史叢書　海軍軍戦備1』）

経済的な英米依存を理解している指導者は、対英米協調の方針を採った。彼らは、日本の国際的な立場を大きく改変するのではなく、現状を維持することによって帝国日本の存立と発展を図ろうとしていた。英米協調派は、天皇、元老西園寺公望、宮中グループと呼ばれる内大臣や宮相、外務省の主流派、立憲民政党、財界の主流派といった面々だった。一九二〇年代から三〇年代はじめにかけて、英米協調路線が日本の対外政策の主流であった。

彼らは、ベルサイユ・ワシントン体制と国際連盟に見られる集団安全保障や、パリ不戦条約に見られる戦争を違法化する国際環境のなかで、自由貿易体制の維持を望み、総力戦体制構築への関心は低かった。

アジア・モンロー主義路線

一方で、日本は第一次世界大戦後、東アジアの軍事大国として自立した政策を採ることができる立場にもあった。

日本は台湾・朝鮮などの植民地と南洋群島を事実上領有し、中国から遼東《りょうとう》半島を租借して、満蒙《まんもう》に南満州鉄道株式会社をはじめとして広範な特殊権益を持ち、海軍は世界で英米に次ぐ兵力を保持していた。すでに軍事面では、東アジアの覇権を英米と争う存在だった。

日本の指導層のなかには、アジアの軍事大国としての立場を強く意識して、英米から自立した外交路線を選択し、経済的にも自立を主張する者が、陸海軍や右翼のなかに多数存在した。

特に一九三一年九月の満州事変以後、英米との協調を重視せず、アジアは日本が主導するという考えが広がっていく。こうした政策を実現しようとする立場は、アジア・モンロー主義路線と呼ばれた。モンロー主義とは、一九世紀のアメリカ大統領ジェームズ・モンローが、アメリカ大陸とヨーロッパ大陸の間で相互不干渉を提唱したことに由来する。同様にアジアのことはアジアで処理すべきとし、特に中国問題に対して、英米からの干渉の排除を求めた。

すでに一九一六年に、徳富蘇峰はベストセラー書籍で、次のように説いている。

> 日本帝国の使命は、完全に亜細亜《アジア》モンロー主義を遂行するにありと信ずるなり。亜細亜モンロー主義とは、亜細亜のことは、亜細亜人によりて、これを処理するの主義なり。

亜細亜人というも、日本国民以外には、さしより〔さしあたり〕この任務にあたるべき資格なしとせば、亜細亜モンロー主義は、すなわち日本人によりて、亜細亜を処理するの主義なり。誤解するなかれ、吾人《ごじん》は亜細亜より白人を駆逐するが如《ごと》き、偏狭なる意見を有するものにあらず。ただ白人の厄介にならぬまでのことなり。白閥の跋扈《ばっこ》を蕩掃《とうそう》するまでのことなり。

（『大正の青年と帝国の前途』）

一九二九年一〇月、アメリカを起点に大恐慌が世界を覆い、三〇年代に入り国際的な協調が綻《ほころ》び始めると、日本は対外政策で相反する二つの路線、対英米協調とアジア・モンロー主義に分裂し、この二つの路線の対立・抗争・妥協によって、政治・外交・経済が動くようになっていく。

アジア・モンロー主義の指導者たちは、軍事大国として英米からの自立をめざして、アジアにおける排他的覇権とその裏付けとなる経済的自給圏形成に向けて活動していく。

日中戦争と経済自給圏構築のジレンマ

満州事変以後、軍部を中心にアジア・モンロー主義が強まったが、英米への経済的依存は続いていた。まして、一九三七年七月から日中全面戦争が始まると、戦争に必要な軍需物資の多くは、アメリカからの輸入に頼ることとなる。アメリカは日本の中国大陸での行動に批判的であり、イギリスもまた中国に多くの権益を持つため、軍事行動を拡大する日本との軋《あつ》轢《れき》は大きくなっていった。

日中開戦から約二年が経とうとする一九三九年三月に有田八郎《ありたはちろう》外相は、白鳥敏夫《しらとりとしお》駐伊大使・大島浩《おおしまひろし》駐独大使に宛てた電報で次のように述べている。両大使は、さらなる英米との対立につながる独伊との防共協定を主張していた。

支那事変の処理に邁進《まいしん》しおる帝国の各種経済的情勢は当分英米との経済関係を相当重視するのやむを得ざる実情にあり。〔中略〕彼等との経済関係をある程度に維持したき希望を有する次第にして、かつまた目下着々計画中の物資動員、生産力拡充計画等の円満なる遂行の点より見るもこの点を重要視せざるを得ず。〔中略〕帝国はここ二、三年間極めて困難なる時期に直面しおるものというべく、英米との経済関係の悪化はたちまち前記諸計画の遂行に重大なる障害を与え、ひいて支那事変の処理にも影響するところ甚大なるべきをおそるるものなり。

（『現代史資料一〇　日中戦争3』）

有田は日中戦争の継続のためにも英米との経済関係の重要性を述べて、その関係悪化を懸念していた。東アジアにおける新しい秩序の建設を掲げた日中戦争下でも、日本は英米への経済的な依存を自覚しなければならなかった。しかし、帝国日本が抱える矛盾の解消を図ろうとするアジア・モンロー主義者たちの主張は、中国占領地の開発の進展やヨーロッパでのドイツの躍進などと連動して、いっそう強固となり、英米から自立した経済自給圏の建設を試みようとしていく。

*

以下、六つの章では、帝国日本が東アジア・東南アジアの地域を一体にした経済自給圏をどのようにつくろうとし、失敗したかを明らかにしていく。

第1章では、満州事変からアジア・太平洋戦争開戦にいたるまでの国際情勢の変遷と、日本の経済自給圏形成に向けての胎動を描く。

第2章では、大東亜共栄圏の構想を立案するために、内閣のもとに設置された大東亜建設審議会での議論を追い、構想の特徴と問題点を明らかにする。

第3章では、アジア・太平洋戦争開始後、東南アジア地域を占領した日本が、その地域で採った方針や当初の軍政の実態を描く。

第4章では、アジア・太平洋戦争が始まって一年が経ち、ビルマ（ミャンマー）やフィリピンを独立させて、戦局が悪化するなかで大東亜共栄圏内の圏内秩序を構築しようとする過程を、外相重光葵《しげみつまもる》の構想や一九四三年一一月に開催された大東亜会議を軸にして描く。

第5章では、経済自給圏を建設すべく各地で重要国防資源の増産を図るが成功せず、輸送力の低下から中国の北支に重点を置く縮小した経済圏の再構築へと向かい、それすらも挫折する過程を追う。

第6章は、大東亜共栄圏の政治的秩序が日本自ら発した言葉により対日協力者の自立と抵抗にあって揺らぎ、戦局の悪化により輸送力がさらに低下し、各地が分断されて経済自給圏が崩壊していく様相を描いていく。

これらを通して、日本が経済自給圏を形成するのは困難であり、脆弱《ぜいじゃく》な経済力しか持たずにアジアで盟主になろうとした矛盾が明らかになるだろう。そのことが、近代日本の特質と現在にいたる日本とアジアの関係を考える有益な知見をもたらすと考える。

第1章

構想までの道程

——アジア・太平洋戦争開戦まで

満州事変からアジア・太平洋戦争開戦にいたるまでの日本の経済自給圏形成はどのような道を歩んだのか。

満州事変以後、経済自給圏をともなう総力戦体制の構築の動きが具体化する。それが、英米と開戦してアジア・太平洋戦争を始め、国家の総力をあげて本格的な経済自給圏である大東亜共栄圏の建設を図ることになるまで、どのような道筋をたどったのか。日中戦争、ヨーロッパでの第二次世界大戦の勃発と戦争が拡大するなかで、日本はどのように東アジアから東南アジアへと経済進出を拡大させ、英米との対立を深めていったのだろうか。

1　満州事変後——鉄鉱石、石油を求めて

経済自給圏構想の出発

一九三一（昭和六）年九月の柳条湖《りゅうじょうこ》事件をきっかけに関東軍が起こした満州事変は、経済自給圏形成の出発点となった。

関東軍作戦主任参謀の石原莞爾《いしはらかんじ》中佐は、この年六月にまとめた「満蒙問題私見」で次のように述べている。満蒙を日本の領土とすることによって、日本国民の糧食問題を解決する。満州の地にある鞍山《あんざん》の鉄、撫順《ぶじゅん》の石炭は日本の重工業の基礎を確立する。満蒙の資源は、

不況を打破し日本が大飛躍するための素地を造るに十分である、と。

関東軍高級参謀の板垣征四郎《いたがきせいしろう》大佐も、満蒙は食糧品や、鉄・石炭のような重工業に必須《ひっす》の原料を豊富に保有し、日本の自給自足上絶対に必要な地域であるとし、最終的にはこの地を領土にすることを訴えていた。

柳条湖事件後、関東軍は満州全土を占領したが、領土にはせず傀儡国家である満州国を建国し、政治・経済の実権を握っていく。一九三二年九月、日本政府は満州国を正式承認し、三四年三月には「日満経済統制方策要綱」を閣議決定して、日満両国の経済を融合した日満経済ブロックの形成をめざした。ただ、自立した経済を形成するには満州だけでは不十分であることが明らかになっていく。

一九三五年四月、満州国建国国債などを引き受けた日本の銀行を中心とした視察団が派遣され、一ヵ月にわたる調査のうえ七月に『満州国視察報告書』が作られた。

そこでは満州の資源は、①種類が少ない、②品質が概して優良でない、③日本の産業と対立競争となりやすいものが多く、自給自足に益となる資源が比較的少ない、④国防資源が多くない、⑤工業開発上、水力が乏しくて動力を得るのが困難である、などが記載されていた。

このため財界では、北支（中国の華北地域）にブロック圏を拡大し、進出を求める意見が出てくる。実は『満州国視察報告書』では、北支の経済資源は豊富とし、この地を取り込んだ日満支（日本・満州・中国）の経済ブロックの結成が提案されていた。

陸軍も独自の調査から、満州国に隣接する北支は資源が充実しているとし、経済ブロックに組み込むことを希望する意見が強くなった。

北支は、石炭、鉄鉱、棉花、羊毛、塩といったものが満州に比べて豊富だった。以後、中国を治める国民政府の施政下から北支を切り離し、日本の支配下に置く華北分離工作が、陸軍を中心に展開されるようになっていく。

世界恐慌後の重工業化

一九三〇年代初頭は昭和恐慌と呼ばれる深刻な不況が世を覆っていた。一九三一年一二月に蔵相に就いた高橋是清《たかはしこれきよ》は、その対策の一つとして、金本位制から離脱して円の対米為替を下落させ、日本の綿製品などの輸出品の価格を下げて東南アジアへの輸出を増大させようとした。結果的には、この対策は功を奏し日本経済は比較的早期に回復するが、同時に東南アジア、南アジアで貿易摩擦が起きることになる。

一方で、日本が輸入していた重化学工業製品は割高となり国産化が急務となった。商工省は、重要産業の保護と育成を統制、自立した軍需工業力の育成を試みる。それは、国際・国内情勢のもとで、総力戦体制の構築が課題となってきたためでもあった。

具体的に記すと、重工業の基礎ともなる鉄と石油に関連して、日本製鉄株式会社の設立や石油業法が成立したのはその代表的な施策である。

特に鉄は産業の基礎素材であり、鉄鋼自給のために銑鉄の増産が進められた。銑鉄は、溶鉱炉で鉄鉱石やコークスなどから作られ、その後、鋼材に加工されてさまざまな製品となる。日本政府は銑鉄の輸入税率を上げて、一九三三年に日本製鉄株式会社法を成立させ、翌年一月に官民の銑鉄生産会社を合同して日本製鉄を設立し、銑鉄増産を保護していく。さらに、政府の損失補償のもとに、一九三七年一二月までに原料である輸入鉄鉱石三〇〇万トンの貯蔵を命じた。日本製鉄の八幡製鉄所ではフィリピンからの鉄鉱石の輸入を始めていく。

東南アジア資源への進出

日本は一九二〇年代から、東南アジアの英領マラヤ（現マレーシア）から多くの鉄鉱石を輸入していた。まず石原産業海運が一九二〇年に、ジョホール州スリメダン鉄鉱山の採掘を開始し、日本への輸入を始めた。

当初、東南アジアからの鉄鉱石輸入は、中国産鉄鉱石が供給不安になるなかで、新たな選択肢として行われたものだったが、輸入鉄鉱石に占める英領マラヤの鉱石の割合は、次第に上昇し、一九三〇年には中国を抜き第一位となる。このとき輸入鉄鉱石二二六万トンの四四％である九九・八万トンが英領マラヤからのものだった。日本の銑鉄の大幅な増産に英領マラヤからの鉄鉱石輸入は欠かせないものとなり、一九三〇年代半ばには同地で日本企業が新たな鉱山を開発するなど、三八年には一六三万トン、全輸入鉱石の五〇％を超えた。

銑鉄の大規模な増産計画によって、英領マラヤ以外の東南アジア地域からの鉄鉱石の輸入も増加した。一九三七年の日本製鉄の事業計画書では、フィリピンから一九〇万トンの鉱石輸入を見込み、仏印からも鉄鉱石の輸入が行われた。一九三九年の段階で東南アジアからの鉄鉱石輸入は三三五万トン、全輸入量の約六七％を占める。製鉄自給をめざす日本政府および日本製鉄の銑鉄増産計画は、東南アジア各地での鉄鉱山の開発を促していた。

他方で石油である。周知のように石油は軍艦・航空機の動力源や、工場設備の潤滑油として、戦時の経済にとりわけ重要な原料だった。すでに一九二〇年代、日本でも石油精製業は技術が向上し取扱量も増大したが、原油は欧米の国際石油資本からの輸入に頼っていた。日本政府は一九二〇年代から原油確保のために助成金を出して、南北樺太、台湾、満州、英領ボルネオ、蘭印などで日本の企業による試掘を行った。しかし、北樺太以外、成果はなかった。

一九三〇年代、世界の原油総産出量の六〇％以上をアメリカが占めていた。他方でアジアでは蘭印が最も産出量が多かったが、六四三万トンで世界産出量に占める割合はわずか二・

八％（一九三六年当時）にすぎなかった。しかし、日本にとっては近接する供給源として強い関心を持っていた。

一九三〇年に三井物産と日本石油が、現地企業の東ボルネオ会社と合弁してボルネオ石油会社を設立し油田開発に着手する。だが、一九三〇年と三六年に試掘を行ったものの成果は出なかった。

一九三六年には政府は海軍からの提案を受けて、三井物産、住友信託、三菱石油の三社によって協和鉱業株式会社を設立し、アジアに限らず油田利権を獲得しようとした。政府から試掘費などに補助金が出され、産油した場合には海軍が購入することになっていた。協和鉱業は、東南アジアや南米、メキシコまで調査員を派遣し獲得できそうな油田を調査し、ボルネオ石油の事業も引き継ぎ試掘を継続したが、どれも成果をあげなかった。

ボーキサイト輸入

重化学工業製品の国産化は、アルミニウムで実現する。世界恐慌後の円の為替下落により輸入アルミニウム地金の価格が上昇したため、国産化の要望は高まっていた。アルミニウムは、先述したようにジュラルミンに加工され航空機材料になる戦略物資として重要である。アルミニウムの原料ボーキサイトは蘭印のリオ群島にあるビンタン島で採掘された。

一九三五年、台湾に三井・三菱・古河などの出資で日本アルミニウムが設立され、翌年からビンタン島のボーキサイトを輸入し生産が始まった。

ビンタン島のボーキサイト開発に力を注いだのは、古河電工の上島清蔵《うえしませいぞう》である。一九二〇年代後半に彼は東南アジアでボーキサイトの探鉱調査を行い、ビンタン島や同じく蘭印のバタム島に有望な鉱区を発見する。だが、採掘権は彼ではなくオランダの蘭印錫《すず》採掘会社に下りた。ただし、輸送費がかかり販売に不利なヨーロッパよりも、アジアでの販路拡大を採掘会社は考えた。上島は一九三八年に買い付け窓口として日蘭商事を設立して、翌年にはボーキサイト年四〇万トンの買い付け契約とともに三〇年間の独占供給契約を締結し、日本向けの一手販売権を確保した。

上島は一九三九年に新たなアルミニウムの大規模精錬会社日本軽金属を設立、同社は年産五万トンの設備を誇った。設立の背景には、アルミニウム生産の拡充と同時に、実現しなかったが日本軽金属を軸にした精錬会社統合の話があった。アルミニウムの生産で日本は、アメリカ、カナダ、ドイツに次ぐ世界第四位の生産国に急成長する。

一九三〇年代後半まで日本の東南アジア進出は、欧米の植民地宗主国が容認した範囲内での参入であり、宗主国の法規制や政策対応が、進出の大きなハードルになっていた。だが、この東南アジアからの原料資源の供給は、日本の軍需工業力を高め、総力戦体制形成に貢献していく。

日本企業は政府の援助のもとで、総力戦体制の構築に必要な軍需工業力の形成を担っていく。そこでは、東南アジアからの原料資源が不可欠だった。総力戦のための経済ブロックの形成には、日本と満州、北支だけでなく、東南アジアの必要性が強く考えられるようになっていく。

2　日満支経済ブロックの可能性と限界

対外経済政策と日中戦争

外務省が、東南アジアを含めた経済ブロックの構築を考え始めたのは一九三七年からである。この年に満州国を実質的に支配する関東軍で「満州産業開発五ヵ年計画」が定められ、日本でも一体化した生産力拡充計画が本格化したからだ。六月に陸軍省より「重要産業五ヵ年計画」が内閣に示されて検討が始まる。

外務省では、省内に委員会をつくって四つの方針を打ち出した。その一つに、日満支経済ブロックを結成し、将来は東南アジアを含むこと、すなわち日満支南洋経済ブロックの形成に導く考えを示した（『外務省執務報告　通商局　第二巻』）。

しかし、この時期の外務省の対外経済政策の方針は、ブロック経済だけでなく自由通商主義との二本立てだった。外務省は、世界経済がブロック経済の結成に向かっていると見通していたが、領土が狭く資源が貧弱な日本では、世界に自由な通商を求める政策が必要とも考えていた。

実際、七月に日中戦争が始まると、英米などから軍需物資や製品を大量に購入する必要があり、日満支を基本とする経済ブロックでは立ちゆかないことは明らかだった。軍のために一般会計とは別に臨時軍事費特別会計が立てられたが、一九三七年七月から四〇年末までの間、物資および製品購入の総金額は約四〇億円、そのうち北米すなわちアメリカからが約二〇億円で五〇%を占めていた。(『日本戦争経済とアメリカ』)。

周知のように、日本が中国国民政府に宣戦布告をせずに、支那事変という局地的紛争名を使い続けたのは、アメリカとの貿易・金融・海運・保険に関する関係を継続したかったからである。アメリカは中立法によって、交戦国双方に対して、武器や軍需物資の禁輸や金融上の取引制限を行うことができたからだ。

アメリカとの経済関係は、日本が中国との戦争を継続するために必要だった。日中戦争は、英米に経済的に依存しながらの戦争だった。一方、アメリカも中国との貿易を閉ざさないために、中立法の適用には慎重だった(『模索する一九三〇年代』)。

日本政府は、特に英米からの製品を輸入するときに、ポンドやドルなどの外貨で支払いをしなければならず、外貨獲得のために綿製品などの輸出振興策を取る。一九三八年から三九年にかけて、第三国といわれた植民地を含む英米などとの輸出入、第三国貿易が重視され、満州国や中国占領地への輸出は抑制されていた。

企画院、興亜院の設置、日満支経済ブロックへ

上海に戦線が拡大し中国との戦争が全面化すると、日本政府は一九三七年一〇月に内閣直属の官庁として企画院を設置した。戦時統制経済の運営を担当する機関で、総力戦体制の構築と遂行にあたった。企画院は物資動員計画（物動計画）や国家総動員法などの重要な計画・法案を立案し、国内の総動員体制は急速に整備されていく。

物動計画は、重要物資別に年間の需給調整をした計画で、一九三八年一月に初めて閣議決定され、一九三九年以後は年度計画が毎年度策定されていく。

北支と中支（中国の華中地域）を占領した日本は、すぐにその地の経済開発に乗り出した。特に北支については、日本・満州の経済と緊密に結合させようとした。一九三八年四月には、北支那開発株式会社法・中支那振興株式会社法が成立し、一一月には両会社が設立された。

北支那開発株式会社は、資本金の半額を日本政府が出資した日本の特殊法人だった。業務

は、交通・運輸・通信・発送電・鉱山、塩業などの主要事業に投融資し、それらの子会社の事業を統合調整することだった。中支那振興株式会社も同様の特殊法人で、主に占領地の交通や通信、ガス、水道など公共的部門の事業に投融資した。

一九三八年一二月には内閣に興亜院が設置され、対中政策の統一を図るため各省の担当機関が移管される。以後、中国の経済政策は興亜院経済部が担当することになった。現地機関として華北・蒙疆《もうきょう》・華中・厦門《アモイ》の四ヵ所に連絡部が設けられたが、幹部には陸海軍の将校が就くなど、現地の陸海軍の影響力は存続した。

こうして日満経済ブロックへ北支が編入されていく。一九三八年一〇月以降、日中戦争について「長期戦」とともに「長期建設」ということばも用いられたが、占領地の経済建設が重視されたことによる（『日中戦争と大陸経済建設』）。

しかし、編入には多くの困難をともなった。住民の生活必需物資の供給準備ができず、外貨不足のために建設資材の供給も不十分だったからだ。鉄道や港湾などの輸送力も不足し、治安の問題もあった。

他方で、中国の占領地には、日本がつくった三つの傀儡政権（蒙疆連合委員会、臨時政府、維新政府）や、中国の現地資本との共同出資により、開発や交通を担う子会社が設立された。

一九三九年まで北支では原料資源の日本への供給が優先され、物資不足とインフレが昂進《こうしん》した。このため、一九四〇年に入ると興亜院は政策を転換して、「北支産業開発五ヵ年計画」を策定し、石炭と食糧作物の増産に重点を置きながら、各物資の開発計画を調整して北支の地域内で消費する物資の増産に取り組むことになる（『戦時日本の華北経済支配』）。

日中戦争で占領地を拡大すると、日本の経済界は北支の原料資源に対する期待が高まった。特に埋蔵量が多いとされた鉄鉱石、石炭などが、経済ブロック圏内で自給できるとの楽観的な見通しも語られた。経済界の一部からは、英米などとの第三国貿易を重視するよりも経済自給圏の構築を求める声が出始めていた。

「東亜新秩序」声明後の対英米関係

漢口《かんこう》・広東《カントン》占領後の一九三八年一一月三日、近衛文麿首相はいわゆる東亜新秩序声明を発する。ここでは、日本の戦争目的は「東亜新秩序の建設」にあるとし、これに賛同すれば国民政府も受け入れるとした。それは、国民政府部内でも反共の立場から日本と妥協を求める勢力、特に重鎮であった汪兆銘《おうちょうめい》一派との提携を促すねらいもあった。また、この声明は日満支三国の提携や互助、経済結合も謳《うた》っていた。

英米は東亜新秩序声明に当然ながら厳しい反応を示し、日本は関係を悪化させた。一九二二年にワシントンで結ばれた九ヵ国条約（中国の主権尊重、門戸開放、機会均等など）に基づく、それまでの東アジアの国際秩序に対する日本の公然たる挑戦として受けとめられたからだ。

東亜新秩序声明後、英米はさらなる中国支援を実施する。アメリカは同年一二月に中国に二五〇〇万ドルの商業借款を行い、イギリスも一九三九年三月に一〇〇〇万ポンドの通貨安定のための資金を支援した。

近衛文麿

これに対して日本は、一九三九年四月に天津《てんしん》のイギリス租界で親日派要人が暗殺された事件を機会に、六月から北支那方面軍が英仏租界を封鎖し、検問を始めるという強硬手段に出た。七月から有田八郎外相とクレーギー駐日イギリス大使の会談が始まると、日本国内では、軍部を中心とする日独伊防共協定強化をめざす者や右翼に煽《あお》られて反英運動が巻き起こり、イギリス側は対日譲歩に傾いた。

中国をめぐる日英対立のなかで、議会内外で対日経済制裁の動きが強まっていたアメリカは、七月二六日に日米通商航海条約の破棄（六ヵ月後に失効）を日本政府に通告した。条約が失効すれば対日禁輸も可能になり、軍需物資をアメリカに依存する日本は戦時経済の維持に大きな不安を抱くようになる。日本政府は、手持ちの外貨でアメリカからの輸入を急ぎ、失効後には東南アジアからの物資獲得を考えるようになった。

3　南方進出――欧州開戦と大東亜共栄圏の登場

第二次世界大戦の勃発

一九三九年九月、ヨーロッパで第二次世界大戦が始まった。当初、大きな戦闘はなかったが、日本の貿易に与えた影響は大きかった。たとえば、一九三九年末にはイギリスはポンド政策を転換してドルとの交換を停止する。そのため、イギリス圏向けに輸出して得たポンドをドルに換えてアメリカから輸入するという日本の決済構造が成り立たなくなる。

一九四〇年半ばまでには、日本のポンド圏への通商関係はほぼ途絶し、英米との関係を重視した第三国貿易は行き詰まる。軍需戦略物資の高騰や労働力不足、電力不足などから、一九三九年度の物動計画のもとに立てられていた主要物資の供給実績は、軒並み計画を下回った。

一九四〇年春にドイツはヨーロッパで攻勢に出た。オランダを占領し（オランダはイギリスに亡命政府を樹立）、フランスを屈服させて親独政権をつくった。日本はこれを蘭印と仏印の両地域に進出する好機と捉《とら》えた。七月二二日に再び近衛文麿が首相に就き第二次近衛内閣が成立すると、外相には松岡洋右が就任した。

仏印には、中国へ仏印経由で援助物資を送る、いわゆる援蔣《えんしょう》ルートの閉鎖を認めさせた。さらに松岡外相は極東における日本の経済的政治的分野での優越的地位をアンリ駐日仏公使に認めさせ、中国と国境を接する州に日本の軍事的な便宜を与える協定を結ばせた。この協定に基づいて、援蔣ルートの遮断を監視し、重慶《じゅうけい》への攻撃作戦、日本の東南アジア進出の足がかりとするため、日本は九月には北部仏印に陸海軍部隊を進駐させる。

蘭印には、五月一〇日に駐日オランダ公使に対して、石油、ボーキサイト、ゴムなどの重要物資一三品目について最低量の対日輸出の確約を求めた。六月六日にオランダ亡命政府は輸出の保障を回答してきた（ただし石油については石油会社との契約が成立することを条件にしていた）。さらに日本政府は、日本企業の進出制限の撤廃を求める交渉を始めた。

大東亜共栄圏の声明

第二次近衛文麿内閣はヨーロッパでの戦争への不介入政策を大きく転換させ、東南アジアへの進出を強めた。

一九四〇年七月二六日に閣議決定した「基本国策要綱」では、ヨーロッパ戦線でのドイツの優勢を背景に、世界情勢を「歴史的一大転機に際会」していると捉えている。政治を根本的に刷新して「国防国家体制」の完成に邁進し、日本を中核にして日満支の強い結合を基礎にした「大東亜新秩序」を建設するとしていた。さらに、大東亜新秩序を実現するために、日満支を一環として大東亜を範囲とする自給自足経済政策の確立を掲げた。

基本国策要綱決定後の八月一日、松岡洋右外相はこの要綱について説明する記者会見で、「当面の外交方針は大東亜共栄圏の確立を図ること」と述べ、その範囲を「広く蘭印、仏印等の南方諸地域を包含し、日満支三国はその一環である」とした。ここで初めて大東亜共栄圏という言葉が登場する（『朝日新聞』一九四〇年八月二日）。

松岡洋右

松岡が八月一日に大東亜共栄圏という言葉を用いたのは、翌日に予定されていたドイツのオット駐日大使との交渉で、この圏域を日本の勢力圏として認めさせるためだった。

松岡のねらいは、ヨーロッパでの戦争終結後に行われるであろう講和会議の開催前に、蘭印と仏印を日本の勢力圏に含めることをドイツに認めさせることにあった。つまり、このときに用いられた大東亜共栄圏は、ドイツの勢力圏から東南アジアを除外させるために発案された実体のない外交スローガンだった（『帝国日本の拡張と崩壊』）。

九月二七日に日独伊三国同盟条約が締結され、日本は独伊のヨーロッパでの新秩序建設における指導的地位を、独伊は日本のアジアにおける新秩序建設における指導的地位を相互に認めた。ここに松岡の大東亜共栄圏の語句を使った目的は達成される。対米関係から注目される三国同盟の実体は、世界再分割の協定だった。

日本は欧州戦争不介入、第三国貿易重視から、独伊との同盟、経済ブロック建設推進への一連の変化を「外交転換」と呼び、経済自給圏の形成に向けて外交政策の舵《かじ》を切った。その後も、イギリスのドイツとの戦争は続き、講和が行われることはなかったが、その可能性を想定しながら外交は進められていた。

日本政府は外交転換を踏まえて、一〇月三日に「日満支経済建設要綱」を閣議決定する。この要綱では国防国家の完成のため「一、国民経済の再編成の完成、二、自存圏の編成強化、三、東亜共栄圏の拡大編成」という三つの過程を提示していた。

特に、第二に掲げられていた自存圏は、日本、満州国、北支、蒙疆をその範囲とし、一〇年間で「日満支を一環とする自給自足的経済態勢を確立する」ことを基本方針としていた。さらに自存圏の補完のために「東南アジアおよび南方諸地域を包含する東亜共栄圏を確立することを要す」としていた。南方地域を組み込むことは、自給圏の形成に不可欠であり、南方地域の重要資源獲得が期待された。

一方、アメリカは日本の三国同盟締結や対南方経済進出の動きに対抗し、七月三一日に航空機用ガソリンを輸出禁止にし、一〇月一六日には屑鉄の禁輸を実施した。さらに輸出許可品目を増加させ、対日輸出規制を本格化させていく。

南方への経済政策――短期的、長期的の二段構え

日本政府は、八月一六日に「南方経済施策要綱」を閣議決定した。国策の転換を反映してその基本方針では、南方への経済政策について日本を中心とする経済自給圏の完成にあると謳っていた。

ここでまずあげられたのは、重要物資を確保するための各地域からの輸出保障である。次に、南方地域での日本企業の活動に対する制限の撤廃と鉱業権その他の企業権益の獲得である。特に、石油、ニッケル、スズ、ボーキサイト、ゴムなどの獲得では、企業の利用に重点を置くとしていた。

つまり、短期的には戦略物資の応急的な確保のために輸入で購入し、長期的には日本企業が進出して、資源開発に直接参加することで安定的に物資を確保しようとしたのである。東南アジアからの物資獲得のためには、このような二段構えの政策が採られていた。

実は南方経済施策要綱作成前に、台湾拓殖と南洋拓殖の二つの特殊会社を監督する拓務省（朝鮮・台湾両総督府との連絡調整、南洋庁を指揮する省。開拓事業の担当）が、両会社を合併し

た新しい一大国策会社である南方拓殖株式会社の設立を主張し、東南アジアの欧米資本による石油会社やゴム園を一挙に買収しようと目論《もくろ》んでいた。だが、この構想は東南アジア各地への軍事的な威嚇《いかく》が前提で、海軍はアメリカとの戦争につながる武力行使に反対し、この要綱では採用されなかった。

結局、南方経済施策要綱に基づいて、蘭印や仏印に対して先にあげた二段構えの経済政策が採られる。石油やボーキサイトの買い付け交渉を行い、蘭印の資源開発企業との提携が図られ、日本企業の開発権益の獲得交渉は先延ばしになった。

南方経済政策を二段構えにし、企業進出も漸進策を採ったのは、なおアメリカの物資に大きく依存するなか、アメリカが強い関心を持つ東南アジア地域への進出に対する反発を恐れたからである。

蘭印・仏印との経済交渉――三国同盟の余波

一九四〇年九月一三日から小林一三《こばやしいちぞう》商工相を代表とした経済交渉、いわゆる第二次日蘭会商が蘭印のバタビアで始まった。なお、第一次日蘭会商は一九三四~三七年に日本からの軽工業製品の輸入制限の緩和を求めて行われている。

まず石油の確保が先決とされ、石油利権獲得交渉の代表として向井忠晴《むかいただはる》三井物産会長が、在蘭印の石油会社に三一五万トンの石油買い付け要求を行うところから交渉が始まった。

他方で小林商工相は、蘭印に滞在していた古河電工・日蘭商事の上島清蔵を使節団の顧問とし、石油以外の戦略資源の買い増し、日蘭商事による蘭印におけるオランダの鉱山会社の株式買収を進めさせた。オランダの鉱山会社も日本向け輸出に積極的で、ボーキサイト、ニッケルの増量は合意する。株式取得もボーキサイト、アルミニウム精錬事業、ニッケル採掘精錬事業で話が進み、上島は三菱商事による鉄鉱石開発事業の折衝も担当した。

しかし、九月二七日の日独伊三国同盟の締結後、蘭印の態度は冷淡になっていく。スズ鉱石の買い増しを取り消し、スズ採掘の現地視察も拒絶する。一〇月に入りあらためて向井が各石油会社と会談すると、石油の品種が日本側の要求と異なり、量も大幅に減らした提案が来た。

小林一三

日独伊三国同盟成立後の日蘭印関係の悪化を修復するために、一〇月一五、一六日にジャワ島スカブミにあるスラビンタナホテルで両代表団による会談が開かれた。蘭印は自国の独立回復のためにドイツの敗北を希望し、ドイツと協定を結んだ日本との貿易は看過できないとした。これに対して日本は、三国同盟に関して釈明し、日蘭印関係は三国同盟により影響を受けないと述べ、交渉は継続することになった。

だが、その後も蘭印の対応は冷たく、石油交渉を担当する向井は、早く契約することが最善と考え、一一月一二日に蘭印側が提示した七二万六五〇〇トンで正式に調印した。

両代表団の会議前、上島は一〇月八日の日記に、「三国同盟の影響はなかなか大きい。結局、英米を敵に廻《まわ》して太平洋で一戦争始まるかも知れない」と記している（『ヨーロッパ東南アジヤ紀行』）。すでに小林代表は一〇月にバタビアを出発し一一月に帰国していた。応急的な物資の確保で合意したため、交渉はいったん中断状態となった。

他方で、仏印との経済交渉は、北部仏印進駐後に外務省調査部長だった松宮順《まつみやはじめ》を特命全権大使とする使節団が一〇月一八日にハノイに到着して始まった。仏印は日本が同盟を結んだドイツと協調関係にある本国のヴィシー政権支配下にあり、日本は要求を通しやすいと考え、蘭印とは異なり二段構えの要求を一挙に実現しようとした。

ただ、この時期に日本国内でコメ不足が問題化したため、日本はコメの輸入を最優先とし、年間七五万トンを仏印に要求した。しかし、仏印は他の物資を含めた価格の決め方や支払い方法を持ち出して対立する。一二月下旬から交渉の場を東京にかえてフランス本国と行われた。

結局、日本はコメ七〇万トンの輸入を最低保証量とし、フランス側の裁量販売も認めて合意した。このコメの輸入協定は、すべての協定の成立を待たずに仮調印され一九四一年二月後半から仏印米が日本に輸入される。

仏印との交渉は、フランス本国がすべて担当することになったが、他の物資や入国・企業問題でも対立が起きた。加えてタイ・仏印国境紛争によって交渉が遅延する。一九四〇年一一月にフランスの国際的立場が弱まるなか、タイが以前フランスに軍事的圧力を受けて仏印に割譲した領土の返還を求めて戦闘を起こしたのだ。日本は、この紛争を調停することで両国への影響力を強めようと、交渉より調停を優先した。

蘭印との交渉が進展しないなか、仏印との早急な協定成立が必要だった。日本は一九四一年三月の紛争調停後に、フランスに強硬な姿勢を示し、ようやく五月六日に入国・企業や、物資輸入と決済に関する協定が調印された。だが仏印の戦略物資は乏しく、蘭印物資を補完できるほどではなかった。

新代表による蘭印との経済交渉

蘭印に話を戻す。一九四〇年一二月に入ると日本政府は、元外相で貴族院議員の芳沢謙吉《よしざわけんきち》を新たな代表として蘭印に派遣した。外務省は芳沢に、交渉方針について「諒解事項」を示していた（『日蘭通商条約関係一件／昭和十五、六年日、蘭会商関係　第二巻』）。

芳沢謙吉

そこでは、蘭印に日本の要求を貫徹させるには日本による政治支配が必要だが、現状ではできない。しかし日中和平の実現、日ソ国交調整、対米関係の処理、ヨーロッパ戦況などの情勢の変化があれば、政治支配も達成できる。ただし変化がない場合には、①必要な蘭印産物資の取得、②入国・企業の制限撤廃を、執拗《しつよう》に交渉して可能なかぎり目的を達成せよというものだった。つまりは、日本の国際政治上の力が「強化」され、蘭印が日本の条件を受け入れる国際環境となった後に、本格的な進出を図ろうとするものだった。蘭印が日本の条件を受け入れる国際環境とは英米独伊がそれぞれの勢力圏を相互に認めあう環境になったときである。

一九四一年一月、蘭印に到着した芳沢は、入国・企業に関する覚書を提出し、二段構えの二つ目にあたる制限撤廃や権益獲得について交渉に入る。しかし、二月に寄せられた蘭印からの回答は、日本の特別的な地位を否定し、制限撤廃を一律には行えないとしていた。三月に芳沢は、妥協案を外務省中央に打電してきた。その内容は、個々の事業申請に対して「好意的」に審議し、なるべく鉱業採掘権などを認めてもらうというものだった。

四月の日ソ中立条約の成立後でも、蘭印の態度は好転せず、芳沢はなるべく早い妥結を進言する。ついに外務省も五月六日に芳沢の意見を容《い》れて、入国・企業問題に関する第二次要求案を発信した。

そこでは、日本企業の進出を好意的に審査するという芳沢の提案と異なり、特別な支障がないかぎり許可するようにとの、蘭印にはよりハードルが高い表現となっていた。五月一四日に芳沢は蘭印に要求案を手交し、二〇日には蘭印に譲歩した必要物資の品目表を提出、蘭印との経済交渉は最終局面を迎えた。

蘭印との交渉「不調」、南部仏印進駐へ

五月に入ると、外務省には蘭印が日本の最終案を全面的に拒否するという情報が入ってきた。外務省はゴムやスズの要求量は一歩も引かないとしたうえで、必要な物資確保が受け入れられない場合には、芳沢を帰国させる考えが大勢を占めた。

これに対して海軍は、全面的な決裂は必要物資獲得をさらに困難にするので、面目を保持し得る限度で妥結した方がよいとの要綱を外務省に提出した。外務省内でも妥協方針が出始めた。

六月六日、蘭印は芳沢に回答を手交した。そこでは、経済における日本の特別な地位の供与を否定していた。石油利権の供与は、前年に認められていた三ヵ所の試掘場所のうち二ヵ

所が留保されていた。物資の供給もこれまで蘭印が提示してきた量を下回っていた。特にゴム、ボーキサイト、マンガンが要求額を大きく下回った。

これに対して日本は、交渉は決裂ではなく不調とした。そのうえで交渉を「打ち切り」、今後も総領事が話し合いを継続、物資は蘭印回答通りに獲得する方針とした。「打ち切り」という形での実質上の妥協である。

結局、経済交渉によって東南アジアの戦略物資供給の中心地である蘭印を日本の経済ブロックに組み込み、経済自給圏を確立する試みは失敗に終わった。ここに軍事的影響力を強化することで物資を確保しようという動きが本格化する。

六月五日に海軍は蘭印が最も恐れるのは日本の武力行使であり、その姿勢を示すことは有効で、このため仏印やタイに日本の軍事的地歩を進めることが重要であるとの文書を作成している。外務省でも同じ内容の意見書が作成された。六月二二日、ドイツがソ連に攻め込むと、ヨーロッパでの講和は遠ざかった。国際情勢を利用して蘭印に圧力をかける方法はもはや困難だった。

六月二五日の大本営政府連絡懇談会の「南方施策促進に関する件」で南部仏印進駐が決定され、さらに七月二日の御前会議で決定した「情勢の推移に伴う帝国国策要綱」で確認され実行に移された。南部仏印進駐による飛行場の確保は、日本軍が東南アジアの軍事的要衝であるシンガポールをはじめとした地域を航空機で攻撃できることを示すものだった。

こうして、日本は交渉から武力による威嚇で経済自給圏を形成する方向に大きく舵を切った。

しかし、南部仏印進駐は、アメリカの反発を招き、在米資産の凍結と石油の対日禁輸の措置を受け、蘭印もアメリカの行動に同調して資産凍結と民間石油協定を停止した。経済封鎖を受けた日本は、武力により南方地域を占領し企業進出を実現して、排他的な経済自給圏つまり大東亜共栄圏の形成に走ることになる。

第2章

大東亜建設審議会

——自給圏構想の立案

英米と開戦し、日中戦争からアジア・太平洋戦争へと拡大した直後の一九四二（昭和一七）年二月、政府は大東亜建設審議会を設置し、大東亜共栄圏構想の立案・審議をさせた。大東亜建設審議会は、部門ごとに部会を設置し、一五年先などを目標にした長期的な計画を政府に提出するが、その作成過程では各省庁間で意見対立が生まれた。それはどのようなもので、経済自給圏構想にいかなる影響を与えたのだろうか。大東亜共栄圏構想の形成過程とその特徴を見ていこう。

1　南方占領後の設置――日本盟主の基本理念

松岡洋右の大東亜共栄圏構想

松岡洋右外相は、一九四〇年九月に締結した三国同盟により独伊には大東亜共栄圏を認めさせたが、英米など他の列強には、どのように認めさせようとし、圏内をどのように考えていたのだろうか。

三国同盟締結翌日に作成された「帝国外交方針要綱」で、松岡が想定していたのは、「大々《それぞれ》の共栄圏尊重」という考えだった。松岡はソ連に働きかけて、日独伊ソ四国協商の力で英米に圧力をかけて独英講和を斡旋《あっせん》する、さらに日米交渉を経て日本・ドイツ・イタリ

日独伊三国同盟締結（1940年9月27日）　3ヵ国間の軍事同盟．世界分割を目論み，日本はアジアでの優越的権利をこの条約で有した．首相官邸で，マイクの後ろに松岡洋右外相，その右にE・オット独大使

ア・ソ連・アメリカ・イギリスの間に「平和条約」を締結し、ソ連、アメリカ、イギリスとも共栄圏を相互に承認することを思い描いていた。

松岡は、近い将来にヨーロッパの戦争が終結すると想定し、その後の体制は大国がそれぞれの共栄圏を持ち、戦後世界に複数存在する共栄圏の一つとして大東亜共栄圏を構想していた。

では、大東亜の圏内の各地域の処遇をどのように考えていたのか。一〇月四日に作成された「対南方策試案」にその考えの一端が読める。

松岡は大東亜共栄圏について、日本が排他的指導権を持つ「勢力圏」と考えていた。そのため南方の仏印と蘭印では、宗主国に主権を破棄させなければならなかった。独立運動を支援し独立させたうえで、あらためて日本の「保護国」とする想定である。

仏印、蘭印との保護条約では、日本人顧問が軍事・経済にわたって権力を持ち、軍事上の重要地点は租借するとしていた。松岡は当初から圏内の特定の地域の独立を考えていたが、あくまでも日本が保護国にするための一つの段階であり、植民地支配からの解放ではない。松岡の頭には、一九世紀末から国際的に定着していた「勢力圏」の考えが常にあった。勢力圏とは、一国が一部地域の租借や外交経済を指導することができる排他的広域圏のことである。松岡の大東亜共栄圏の構想は、それまでの国際政治の枠組みのなかにあった（『大東亜共栄圏』）。

しかし、松岡が構想した「それぞれの共栄圏」は早期講和が前提であり、一九四一年六月に独ソ戦が始まって日独伊ソ協商が成立せず、イギリスもドイツとの戦いを継続したため、現実のものとはならなかった。

松岡外相は七月一八日の第二次近衛内閣総辞職とともに閣外に去り、彼が夢想した大東亜共栄圏構想は潰《つい》える。そして、一九四一年一二月、日米開戦前後に松岡とは異なる大東亜共栄圏構想が作成されることになる。

大東亜建設審議会の設置

南方圏を含んだ長期的な自給圏建設を本格的に検討するようになったのは、実際に日本が東南アジアを占領してからである。

一九四一年一二月八日に英米と戦争を始めた日本は、真珠湾攻撃開始よりも一時間以上前に英領マラヤのコタバルに上陸作戦を開始し、翌年二月一五日にはシンガポールのイギリス軍を降伏させた。

開戦と同時に日本海軍が米空軍基地を空襲したフィリピンでは、一二月二二日から主力部隊をルソン島に上陸させ、翌年一月二日にマニラを占領した。

シンガポール攻略に向けての作戦が順調に進むなか、東南アジア攻略を目的に編成された南方軍は、一月一一日に蘭印への攻撃を開始する。日本軍は二月中旬までにスマトラ島、ボルネオ島などを占領し、蘭印の中心であるジャワ島に三月一日から侵攻を始め、九日に蘭印軍を降伏させた。

さらに、英領だったビルマの攻略を、当初の予定を繰り上げて実施し、三月八日にはラングーン（ヤンゴン）を占領した。

このように日本軍は、短期間で資源豊富な英領マラヤや蘭印などの東南アジア地域を占領した。

政府は一九四二年二月一〇日に、東条英機首相を総裁とし「大東亜建設に関する重要事項（軍事および外交に関するものを除く）を調査審議」することを目的にした大東亜建設審議会

2-1　大東亜建設審議会構成図　1942年7月1日段階

（答申名・答申の決定日は除く）

幹　事	答申など	総会での決定日
6名	大東亜建設に関する基礎要件	1942年5月4日
4名	大東亜建設に処する文教政策答申	1942年5月21日
7名	大東亜建設に伴う人口及民族政策答申	1942年5月21日
12名	大東亜経済建設基本方策	1942年5月4日
12名	大東亜産業（鉱業，工業及電力）建設基本方策	1942年7月23日
8名	大東亜の農業，林業，水産業及畜産業に関する方策答申	1942年7月1日
7名	大東亜金融，財政及交易基本政策	1942年7月23日
9名	大東亜交通基本政策答申	1942年7月1日

申「大東亜経済建設基本方策」に基づき，具体的方策を検討するために
門委員は24名で部会の兼任は委員と同様である．幹事は37名でこれも複
だった．誰がどの部会を担当したかは不明だが，おそらく複数の部会を
7回総会を開き，新たに4つの諮問と3つの部会（第9～11部会）を新
1942年に諮問された長期計画の立案ではなく，「鉱産」「食糧」「繊維資
東亜共栄圏」の経済構想』（吉川弘文館，2013年）を参照のこと
年7月（防衛省防衛研究所所蔵，アジア歴史資料センター，Ref:
領』（同盟通信社，1943年）を基に筆者作成

の設置を閣議決定し、一三日に発表した。この審議会は総裁には首相が就き、委員には政財界の有力者を任命し、政府からの諮問を受けて答申を行っていく（2-1）。

戦争開始直後から、政府は大東亜共栄圏の建設を戦争目的のスローガンにしていた。その建設方針を検討する審議会を開戦二ヵ月後に設置することは、事が始まってからあわてて対策を考えるという「泥縄式」といえる

総会	総裁＝首相（東条英機）， 幹事長＝企画院総裁（鈴木貞一）

各部会

部会名	諮問内容	部会長	委　員	専門委員
第１部会	総合	東条英機（首相）	13名	—
第２部会	文教	橋田邦彦（文相）	12名	—
第３部会	人口及民族	小泉親彦（厚相）	10名	—
第４部会	経済建設 基本方策	鈴木貞一 （企画院総裁）	11名	—
第５部会	鉱工業及電力	岸信介（商工相）	11名	７名
第６部会	農林水畜産	井野碩哉（農林相）	８名	４名
第７部会	交易及金融	賀屋興宣（蔵相）	８名	４名
第８部会	交通	寺島健（逓信相）	５名	９名

註記：１）第５部会～第８部会は，1942年５月４日の総会で第４部会答
設置された．２）部会の委員は45名で複数の部会の委員を兼任した．専
数の部会を担当した．３）幹事補佐は22名，ほとんどが各省課長レベル
担当したと考えられる．４）大東亜建設審議会は，1943年４月９日に第
設した．このことは近年まで解明されていなかった．また，審議事項は
源」の応急対策などだった．1943年の活動については，安達宏昭『「大
出典：企画院『大東亜建設基本方策』（大東亜建設審議会答申）1942
C12120393600～C12120393900），企画院研究会『大東亜建設の基本綱

ものだった。しかし、南方地域を占領したことによって、大東亜共栄圏の実現が現実味を帯び、大東亜建設審議会が発足したことで、各省庁や関係団体は長期的な政策構想に自らの意見や権益を主張し盛り込もうとしていく。

大東亜建設審議会は、四つの部会で構成され、それぞれ「総合」「文教」「人口及民族」「経済建設基本方策」を担当した。五月四日の第二回総

会では、第四部会答申案「大東亜経済建設基本方策」が決定され、経済建設を具体化するため、新たに「鉱工業及電力」「農林水畜産」「交易及金融」「交通」を担当する四つの部会が追加設置された。各部会の答申案は、七月二三日の第五回総会までに決定されることになる。

大東亜建設審議会の委員には、政界、財界、産業界の有力者が任命された。幹事長には企画院総裁が就任し、幹事には各省庁の次官クラスの高級官僚、後述する統制会の理事長が多く任命され、幹事補佐に各省庁の課長クラスの官僚が就いた。幹事や幹事補佐は、部会で議論する資料や答申原案の作成にあたった。

各部会には、委員が配属されたほかに専門委員が置かれ、多くはその分野の専門家が任命され、各部会長には関係する省の大臣が就いた。

統制会とは、産業別に生産統制や資材配分など統制経済を担う業界の機関である。一九四一年八月に公布された重要産業団体令に基づいて業種ごとに設置されていた。翌一九四二年一月までには、商工省が指定した鉄鋼、石炭、鉱山、産業機械などの九業種一二の統制会が設立されていた。各統制会では、代表である会長の下に理事長が一名置かれ会務を掌握した。統制会は大東亜建設審議会に深く関与し、会長は委員に、理事長は先述したように幹事に任命された。

大東亜建設審議会は、経済問題の検討が中心だったが、人口・民族や教育についても答申を出す。たとえば、第一部会では大東亜共栄圏の全体的な秩序を議論した。八つの部会で審議された内容は長期的な計画で、経済建設は一五年後の一九五五年を目標にしていた。

この大東亜建設審議会での議論、答申内容やその策定過程を通して、大東亜共栄圏構想の内実を見ていこう。

階層的な国際秩序

第一部会が議決し、五月四日の総会で決定された「大東亜建設に関する基礎要件」では、「大東亜建設の基本理念」を次のように定めていた。

> 皇国の指導または統治の下、圏内各国および各民族をして各々《おのおの》その所を得しめ道義に立脚する新秩序を確立するを以《もっ》て要となす
>
> (『大東亜建設審議会関係史料』第一巻)

一九四二年一月二一日、アジア・太平洋戦争開戦直後に開かれた帝国議会で、東条英機首相は、大東亜共栄圏建設の根本方針について、「大東亜の各国家および各民族をして各々《おのおの》その所を得しめ、帝国を核心とする道義に基く共存共栄の秩序を確立せんとするにある」とすでに述べていた。その演説内容を踏まえ、日本の統治や指導を明確にして採用されたもので

ある。

この「各々その所を得しめ」という表現は、日本人の身分秩序・労働秩序の観念を引きつぎ、不平等な階層観念を表していた。この言葉を国際秩序の理念目標として設定したことは、日本を盟主として圏内で各国・各民族が大東亜共栄圏建設のために各々相応の役割を果たすことを求めるものだった。ただし、この理念のなかで、民族自決は認められていない（『太平洋戦争とアジア外交』）。

日本が民族自決を容認しなかったことは、第一部会がその後、五月二二日に決定した「南方占領地の統治指導の方針答申」で次のように記していることからも明らかである。「大東亜建設の基本理念の闡明《せんめい》に当りては、いやしくもいわゆる民族自決なるがごとき誤解を生ぜしめざるごとく注意す」（『八田嘉明《はったよしあき》文書』）。大東亜共栄圏内の諸民族の独立や自治は、日本の指導や統治の下で与えられ、民族や国家の主権は日本の統制下に置かれて制限されるものだった。

その一方で「その所」は、明治天皇が五ヵ条の御誓文とともに出した宸翰《しんかん》（天皇直筆の文書）にある「その所を得ざるときは、皆朕《ちん》が罪なれば」という文言から引いたものである。その意味は、人びとがその職分に応じて暮らしや生計が成り立つことをいい、天皇・明治新政府が庶民の生活安定を保証する意味を持っていた（『東南アジア占領と日本人』）。

賀屋興宣

ただし、日本政府や軍の指導者は、占領地の住民の生活を安定させるのは困難だと認識していた。一九四一年一二月一日、開戦を決めた御前会議で賀屋興宣《かやおきのり》蔵相は次のように明確に説明している。

南方作戦地域は従来各種の物資を相当に輸入し居《お》るところ、我方においてこれを占領したる場合、これらの輸入は途絶すべく、従てその経済を円滑に維持するがためには我方において物資の供給をなすを要すべきも、我国はそのために充分の余力なきを以《もっ》て、相当長期の間、現地一般民衆の生活を顧慮《こりょ》するの暇《いとま》ほとんど無し、従て現地の物資労力等を獲得するため、軍票その他通貨的性質のものを我方において発行するも、その価値維持は困難なりといわざるべからず〔中略〕

通貨価値の下落等およびこれより来たる現地経済の混乱は一応これを度外視してあくまでも邁進すること必要なり。もっとも現地は住民の文化低く、かつ天産比較的豊富なるを以て、その民生の維持は支那等に比すれば容易なるものと認めらる

（『杉山メモ（上）』）

2-2　大東亜政治の構図

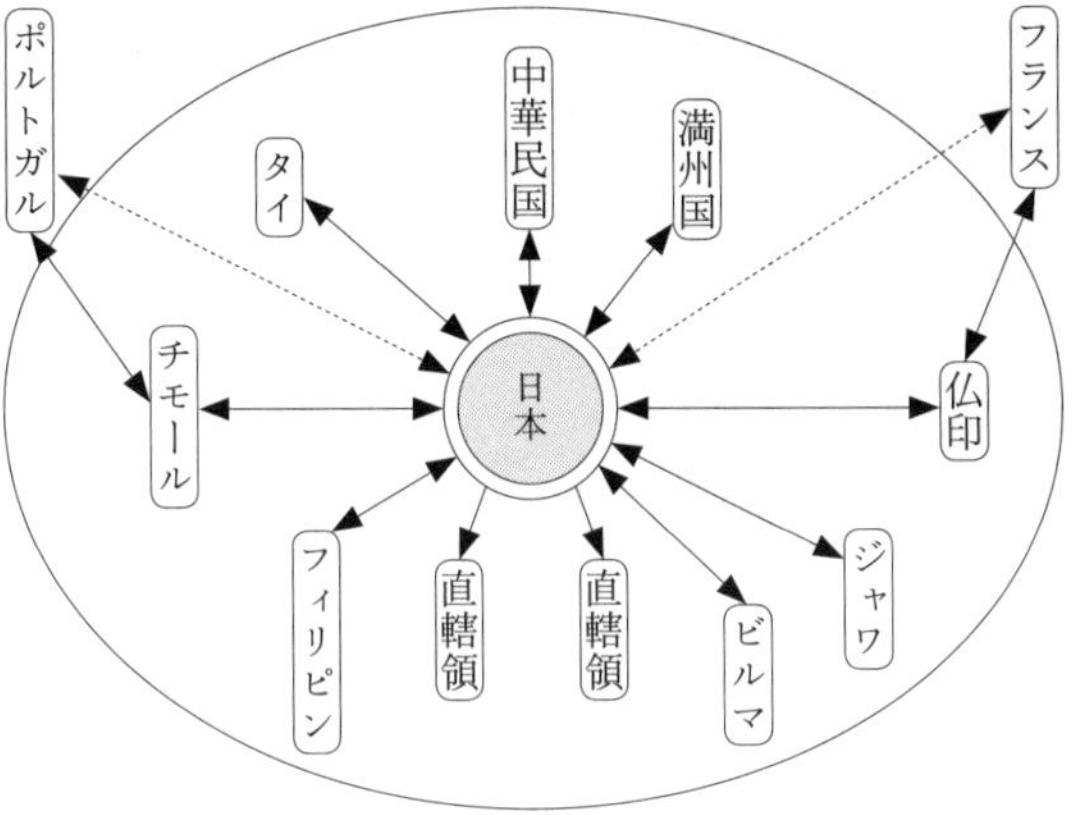

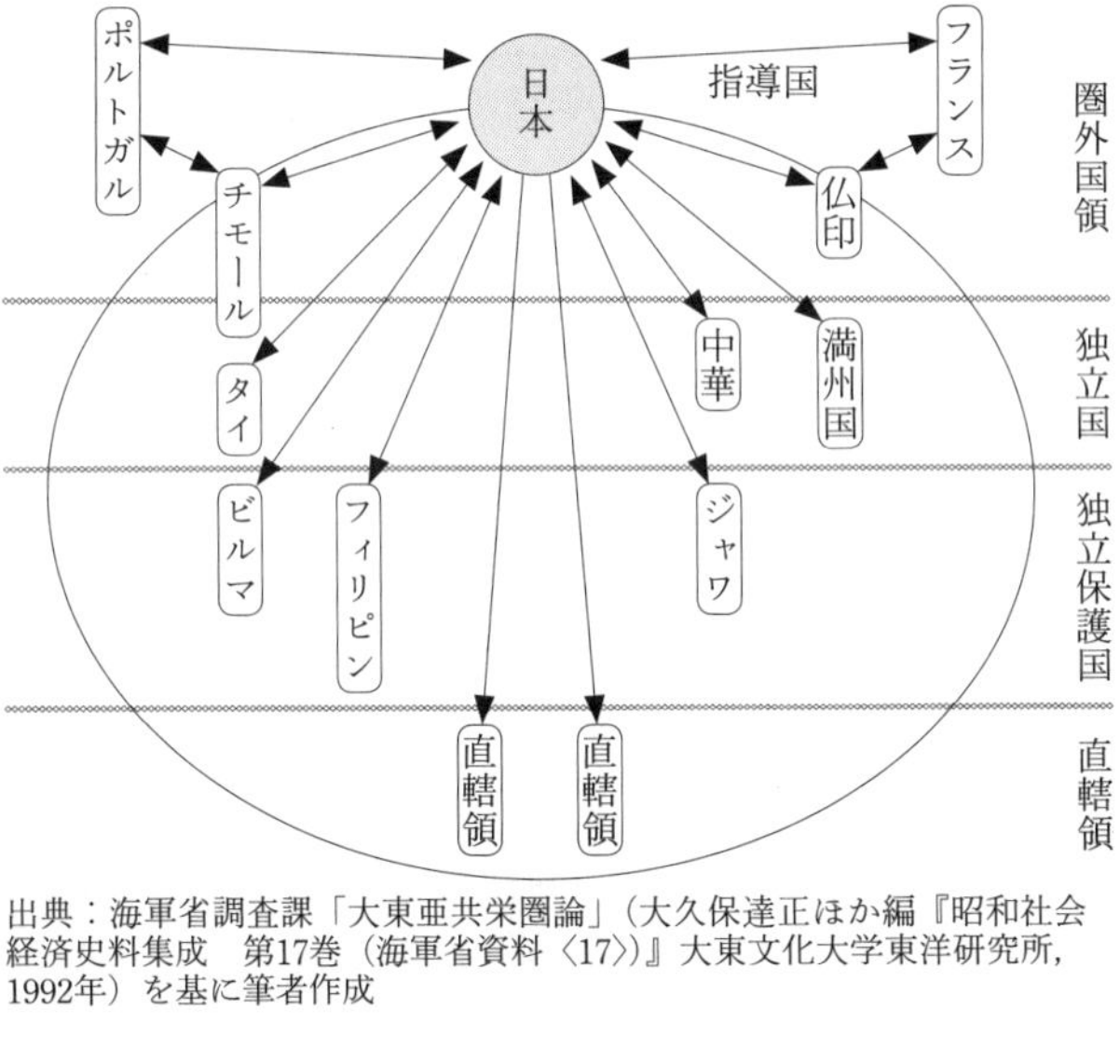

出典：海軍省調査課「大東亜共栄圏論」（大久保達正ほか編『昭和社会経済史料集成　第17巻（海軍省資料〈17〉）』大東文化大学東洋研究所，1992年）を基に筆者作成

賀屋は、日本には現地の一般民衆の生活を安定させる余力はなく、現地経済の混乱や住民の生活安定は度外視して占領するしかないと述べている。生活保証が難しいのに、理念では保証すると謳っていたのだ。

こうした矛盾は先述した「南方占領地の統治指導の方針答申」によく表れている。ここでは、「大東亜建設の完遂は東亜永遠の安定を確保し、彼等の福祉を招来すべき所以《ゆえん》なること」と、日本を盟主とする自給圏の建設が、現地の住民に福祉をもたらし、そのため初期には物質的欠乏に耐えて、当面は我慢させるという前提だった。

大東亜共栄圏の各地域の扱いは、松岡による大東亜共栄圏構想とは異なり、きわめて日本的な発想に基づいた身勝手な考えのもとにあった。

なお、2-2は、大東亜建設審議会で議論されたものではなく、海軍のなかで検討された資料の一つである。審議会で考えられたような階層的な国際秩序を図示したものである。

2　企画院と商工省——経済建設をめぐる対立

「経済建設」構想をめぐる対立

大東亜建設審議会の経済圏構想は、当然、日本が指導国になって大東亜共栄圏内の「計画交易」や「産業統制」を行うものだった。しかし、大東亜全域の長期的な経済圏の構想は、大東亜建設審議会を通しては定まらなかった。それは、自給圏を形成するための産業配置と、全域の産業の統制方法をめぐって、各省庁間に政策の違いがあったからだ。主な対立は企画院と商工省だった。

企画院は、内地にとどまらず、満州と北支を含んだ「中核地域」で大規模な産業再編成を行い、これらの地域に重化学工業を分散することを考えていた。それに対して商工省は、主に内地に重要産業の多くを配置し、内地の各統制会を大東亜全域での産業別統制の中枢機関とすることを構想していた。陸軍は北支を重視して企画院の考えを支持し、海軍は、企画院が主張する「中核地域」にさらに南方も含めることを強く主張した。

他方で大蔵省は企画院とは別の考えから商工省と対立した。中国の占領地には北支那開発株式会社のように実質上、地域内での統制会のような役割を果たす組織がすでにあり、商工省が考える大東亜全域で産業別に組織化を図り、それらを内地の各統制会が一元的に統制することは難しいと考えていたからだ。

このため一九四二年三月に始まった第四部会による答申案「大東亜経済建設基本方策」の検討過程では、産業配置の文言をめぐって各省庁が幹事会で対立した。結局、妥協の結果、その産業配置についての文言はあいまいとなり、次のように記された。

大東亜における産業の配分は、国防上ならびに大和民族配置上の要請を先決条件とし、日満支経済建設計画を骨幹として、大東亜戦争の戦果に照応し、各般の産業立地条件を考慮して、適地適業の趣旨に則《のっと》り、最高能率を発揮し得るごとく既定計画に所要の修正を加え、以て大東亜全域の総合的経済建設に遺憾なきを期す

（『大東亜建設審議会関係史料』第一巻）

岸 信介

企画院・陸軍、商工省、海軍の各要求が、それぞれあいまいにした形で盛り込まれ、何を優先するのかわからない文言になっている。なお、答申には、商工省が要求した統制会の役割についての記載はなかった。

この第四部会答申を受けて、産業分野の具体的な答申案を審議したのが第五部会である。商工相岸信介が部会長であり、答申原案は商工省が作成した。

商工省は大東亜経済建設基本方策のあいまいな産業配置や統制方法の記述に、自らの主張を答申に盛り込もうとしたが、七月二三日に決定した第五部会答申「大東亜産業（鉱業、工

業及電力）建設基本方策」では、大蔵省をはじめとする他省の反対によって、商工省の構想通りにはできなかった。

たとえば、産業配置について原案では「圏内各地域における産業を皇国を核心とする有機的一体たらしむ」という文言を追加しようとしたが、最終案までに削除された。

また、統制会の役割を答申に盛り込むことができたが、本来の主張とはかけ離れたものであった。つまり、当初は「産業建設の総合一貫性を保持し、かつこれが計画的遂行を確保するため各地域を通ずる産業別統制機構を整備するとともに統制会の機能を充実強化す」としていた案が、答申では、「各地域の実情に即し産業別統制機構を整備強化し、尚《なお》統制会の機能を充実強化す」となる。

このことは産業別統制機構の整備が全域を一元的にではなく、地域の実情に合わせた多元的に行う方向へと改編されたことを意味する。統制会の強化は、「尚」という言葉によって、各地の統制機構整備とは切り離された。

その一方で「各地域建設の指標」では、北支を特別に取り上げ、製鉄業、化学工業などの画期的な振興を行うという文言が挿入された。「主要産業の開発建設要領」では、アルミニウム工業の建設など多くの産業で、北支が開発の対象地域として指定された。以前よりも北支の産業化を進展させることが盛り込まれたのだ。これは、事実上、日満北支を中核とするものでで、企画院や陸軍の考えが反映されたものだった。

とはいえ、一九四三年二月に出版された企画院研究会『大東亜建設の基本綱領』では、企画院と商工省が再び自説をおおいに展開している。

企画院構想の要因——戦時人口政策との連動

各省庁の対立は、それぞれ優先課題の認識が異なるからだった。

企画院は、日本が独伊と同盟条約を結んだ一九四〇年九月に始められた国土計画の策定にあたっていた。この国土計画では、日本本土だけでなく、日満支を通じた産業・交通・人口などの配分を定めようとしていた。日中戦争開始後、生産力拡充による工業生産が増大し、それによるさまざまな問題への対応のためである。

たとえば、工業生産増大の結果、工場が無統制に増設されて、都市に人口が集中し問題を起こす一方で、農村では人口移動により荒廃した農地が拡大していた。そのため農業と工業の調整が必要だった。

農工調整問題は人口政策とも連動していた。厚生省の附属研究機関として設立された人口問題研究所の研究官だった舘稔《たちみのる》は、この時期、戦争が日本人の出生率低下を加速化させることを指摘している。舘は戦争が出生率減少を促進する理由として、総力戦が工業化と都市化を進行させ、それは戦後も継続して、人口増加に貢献してきた農村人口が減少し、少子化という「人口危機」を招くとしていた。大東亜共栄圏の「指導民族」である以上、人口の維持と増加は不可欠であり、人口減少は避けなければならなかった。

農村人口の維持のため、大陸への工業分散と都市化の抑制が考えられた。一九四〇年一一月に開催された第四回人口問題全国協議会は、大陸での工業開発を答申し、内地では重工業は抑制して精密工業に絞り、大陸（朝鮮・満州・中国）で重工業を開発配置することを主張する。それは人口政策の観点からだった。

一九四一年一月に企画院が提出した「人口政策確立要綱」が閣議決定された。この要綱では、一九六〇年の「内地人」総人口を一億人とし、結婚年齢を三年早めて、一夫婦の出生数を五児に上げるような人口増加のための諸政策が掲げられた。さらに、高い出生率があり優秀な兵力と労力の供給源である農村を維持するために、日満支を通じて内地人人口の四割は農業に確保すると定められた。

人口政策確立要綱が定めた目標や諸政策は、人口問題研究所調査部長だった中川友長《なかがわともなが》の推計による。中川は、日中戦争開始以後の出生率をもとに日本の総人口は一九六五年頃に一億人を超えるが、二〇〇〇年の約一億二二七四万人をピークとして減少に転じ、二二五年頃には少子高齢化が進行した状態としていた。現在を予見するものである。

いずれにせよ、要綱が定めた政策は、中川の推計を踏まえ、人口減少に向かう傾向に歯止めをかけて、人口増加を目論むものだった（『総力戦体制と「福祉国家」』）。

一九四一年のアジア・太平洋戦争開戦後、企画院のなかでは、大東亜共栄圏内に「大和民族」を適正に配置して指導にあたるには、いっそうの人口増加の方法を考え、目標値を上げなければならないとの意見が出ていたのだ。

舘稔は一九四一年に人口問題研究所研究員から企画院調査官となり、人口政策確立要綱を立案した企画院の美濃口時次郎《みのぐちときじろう》とともに、国土計画の人口政策項目を担当する。農村の問題は、食糧政策とも関連していた。

企画院は、人口問題と農工調整などの政策について、日満北支で総合的に調整しようと考えていた。そのため、大東亜共栄圏内での産業を分散させ、そのなかで日満北支を「中核地域」とする考えを提起していた。

商工省構想の要因——統制会との連携

商工省は、企画院が一九四二年三月一〇日に作成した第四部会答申「大東亜経済建設基本方策」の原案に対して、以下、四点について修正意見を付けている。内地に配置すべき工業分野を根本方針中に入れる、統制会を運用して大東亜各地の横断的な連絡を図る、日満北支を中核地域とするという文言の削除、内地集中の観念を訂正するという文言の削除、である。四月一日に企画院が作成した案には、大東亜経済建設の中枢的な部門は日本が把握し、その他の部分は日本が指導統制することを求めると修正意見を出している。

先述したように商工省は、企画院の日満北支への工業分散という考えに否定的であり、産業建設で国内を重視し、統制会の指導権の確立を図ろうとしていた。

商工省の主張が最も明確に出ているのは、産業部門を扱う第五部会の答申原案として、四月三〇日に作成した「大東亜産業建設基本方策」である。

皇国は大東亜共栄圏の中核たるに鑑《かんが》み、産業の再編成は率先強力にこれを遂行し、その指導的体制を確立す〔中略〕特に重要産業統制会の機能を飛躍的に拡充発展せしめ、当該産業に関する大東亜を通ずる一元的中枢機関たらしむ

（『南方問題経済懇談会（大東亜建設方策）』）

商工省は、自給圏形成には産業配置だけでなく、産業の再編成が必要と考えていた。つまり、国内の産業編成を軽工業から重工業へと転換させ、そのために企業の整理統合、軽工業の大陸や南方各地への移転を構想していた。そして、再編成には、各会社が所属していた内

地の統制会が一元的に行う必要があると考えていた。

商工省と各統制会の理事長らは定期的に懇談会を行っており、商工省の修正意見は、そこでの議論に基づく。

各統制会を組織した重要産業統制団体協議会（一九四二年七月に重要産業協議会に改組）に集まる経営者たちは、財界主流が主張した業界による自主統制での経済運営ではなく、より政府と密接な関係をつくって統制経済を進めることを求めていた。つまり、統制団体が政府の計画や運用に参加することを求めていた。

たとえば、平生釟三郎《ひらおはちさぶろう》（日本製鉄）、大河内正敏《おおこうちまさとし》（理研工業）、藤原銀次郎《ふじわらぎんじろう》（王子製紙）である。また、重化学工業で生産にあたる会社社長を務めていた三菱重工業社長の郷古潔《ごうこきよし》、鉄

平生釟三郎

大河内正敏

藤原銀次郎

鋼統制会の理事長をしていた小日山直登《こびやまなおと》など専門的な経営者たちも統制経済を求めていた。こうした経営者たちと商工省は、統制会の設立過程で提携し、協調して審議会の答申の作成にあたった。

郷古 潔

小日山直登

商工省は重工業を含めた産業再編成のためには、統制権限の確保を何よりも重視し、それには本土産業界の一体となった協力が必要と考え、統制会の権限の拡大を主張していた。統制会側も、長期的な計画を決定する大東亜建設審議会を通して、将来、経済計画への参加を実現するために、各省庁からの権限委譲をはじめとした機構強化と、主要産業の編成での主導権を確保しようと考えていた。

いずれにせよ、商工省は大東亜共栄圏内の産業再配置や再編成を運営する組織をつくり、そこに強い権限を確保することを最優先しようとした。産業の分散配置が先に決まっていては、その組織の権限が制約されるため、「中核地域」の設定に反対していたのだ。

3　大東亜全体での開発目標と答申

主要産業の開発目標

企画院と商工省の間で大東亜共栄圏のあり方をめぐる議論は続いたが、主要な産業の開発計画や生産目標は、一九四二年七月二二日の第五部会で決定された。第五部会答申「大東亜産業（鉱業、工業及電力）建設基本方策」では、「主要産業の開発建設要領」に、製鉄、石炭、石油、軽金属、非鉄金属、機械工業、化学工業、繊維工業、電力など具体的な項目をあげていた。

これらの項目は、ほぼ第五部会の委員や専門委員の担当分野に対応している。たとえば、委員には鉄鋼統制会会長の平生釟三郎、石炭統制会会長の松本健次郎《まつもとけんじろう》、鉱山統制会会長の伊《い》藤文吉《とうぶんきち》、専門委員には日本発送電株式会社総裁の池尾芳蔵《いけおよしぞう》、帝国軽金属統制株式会社社長の大屋敦《おおやあつし》がいた。

答申までの流れは、まず一九四二年二月九日までに企画院が、一五年後ないし二〇年後を目途にした主要産業の生産目標を作成し、一二日に商工省が各統制会との懇談会でその生産目標を提示して、検討と計画案の提出を求めるものだった。

主要な生産目標は、鋼材三〇〇〇万トン、銅六〇万トン、鉛四五万トン、亜鉛四五万トン、スズ一〇万トン、アルミニウム六〇万トン、石炭六億八〇〇〇万トン、ニッケル七万トン、天然石油二〇〇〇万キロリットル、電力六〇〇〇万キロワット、船舶（総量）二五〇〇万トンなどだった。

統制会側はこの生産目標を検討し、年次計画案などを立案し、五月前には商工省に提出した。六月には第五部会の委員たちも、自分の担当する分野について所属する統制会の案に基づいて意見書を提出する。

第五部会では、これらの統制会の計画案と意見書を基に、主要産業の生産目標と開発計画を答申案に盛り込んだ。このため部会での審議は、後述するように一部の物資で議論となったものの、すんなり終わった。

なお、五月に部会で提示された商工省原案では、一期五年後、二期一五年後の目標を記していたが、七月二三日の第五部会答申では目標年数を原案から削除したため、答申に付せられた「別表」の「建設仮目標」は、一五年後の生産目標のみが記されている（2－3）。

ここに記された数値目標はきわめて楽観的で、実現には相当な無理があるものもあった。たとえば、銅と石炭である。専門委員で三井鉱山社長の川島三郎《かわしまさぶろう》は、銅の生産目標年産六〇万トンを大東亜共栄圏内で確保するのは困難と、意見書のなかで主張していた。石炭も石炭

2-3　主要物資・製品の15年後の生産目標と1941年度実績

物資・製品など	目標数値	41年度実績
鋼材（千トン）	30,000	4,701
銅（千トン）	600	79
鉛（千トン）	450	23
ニッケル（千トン）	45	2
アルミニウム（千トン）	800	72
硫安（千トン）	6,000	1,698
メタノール（千トン）	2,000	
石炭（千トン）	600,000	120,667
天然石油（千キロリットル）	20,000	327
人造石油（千キロリットル）	8,000	202
船舶（新造累計千トン）	20,000	310
電力（新設累計千KW）	46,000	9,564

註記：1）単位は史料に記されたものである．2）目標数値は15年先の年産額である．3）この表の「目標数値」は，大東亜建設審議会第5部会答申「大東亜産業（鉱業，工業及電力）建設基本方策」に付された「別表（建設仮目標）」で，1942年7月23日の大東亜建設審議会総会で決定，内閣に答申された．4）天然石油生産の1941年度実績は，内地と台湾の「石油鉱山」の生産を合算したのみのデータである．5）電力の1941年度実績は年度末設備能力の数値である
出典：「大東亜産業（鉱業，工業及電力）建設基本方策（第5部会答申案）」（『美濃部洋次文書』東京大学総合図書館所蔵，No.4614）．「1941年度実績」は，企画院『昭和17年度生産力拡充実施計画』1941年10月27日（原朗・山崎志郎編集解説『生産力拡充計画資料』第7巻，現代史料出版，1996年所収）より作成，数値は「日満支」の合計

統制会会長の松本健次郎が提出した三億二〇五〇万トンとは大きな開きがあった。部会では、産業機械統制会会長の大河内正敏が再検討を要望したが、事実上無視され、生産目標について厳密な議論は行われずに決定された（『大東亜建設審議会関係史料』第三巻）。

その背景には、産業の基幹である鋼材生産を最重要視した

ことがあった。五年後に一〇〇〇万トン、一五年後三〇〇〇万トンの鋼材生産量を基準に他の物資生産目標が設定されたのである。

主要物資の長期的目標の立案にあたった企画院や商工省の官僚たちは、一五年後にそれが実現できれば、大東亜共栄圏を経済自給圏として維持できると考えていた。現在から見れば誇大な計画だが、開戦半年で日本が優勢な戦局では、可能な範囲として計算されたのだ。いずれにせよ、達成する見通しが明確でないまま生産目標が設定されたのである。

農産物配置構想の問題

農業については第六部会で審議され、「大東亜の農業、林業、水産業及畜産業に関する方策答申」が、一九四二年七月一日の総会で決定した。その主要な内容は、農林省が独自に設置した諮問委員会による答申とほぼ同じだった。

農林省は、大東亜建設審議会が設置される以前の一九四一年一月に、諮問機関である農林計画委員会に戦時食糧部会を設置し、経済自給圏に対応する食糧上の対策を諮問した。戦時食糧部会は、四月六日に「主要農産物対策要綱」を決定し、六月には繊維や糖業に関する方策も提出していた（『農林計画委員会答申書：大東亜建設審議会答申書』）。

この戦時食糧部会には、農林省の各局長のほか、石黒忠篤《いしぐろただあつ》元農相、那須皓《なすしろし》、東畑精一《とうはたせいいち》、

大東亜共栄圏の資源地図

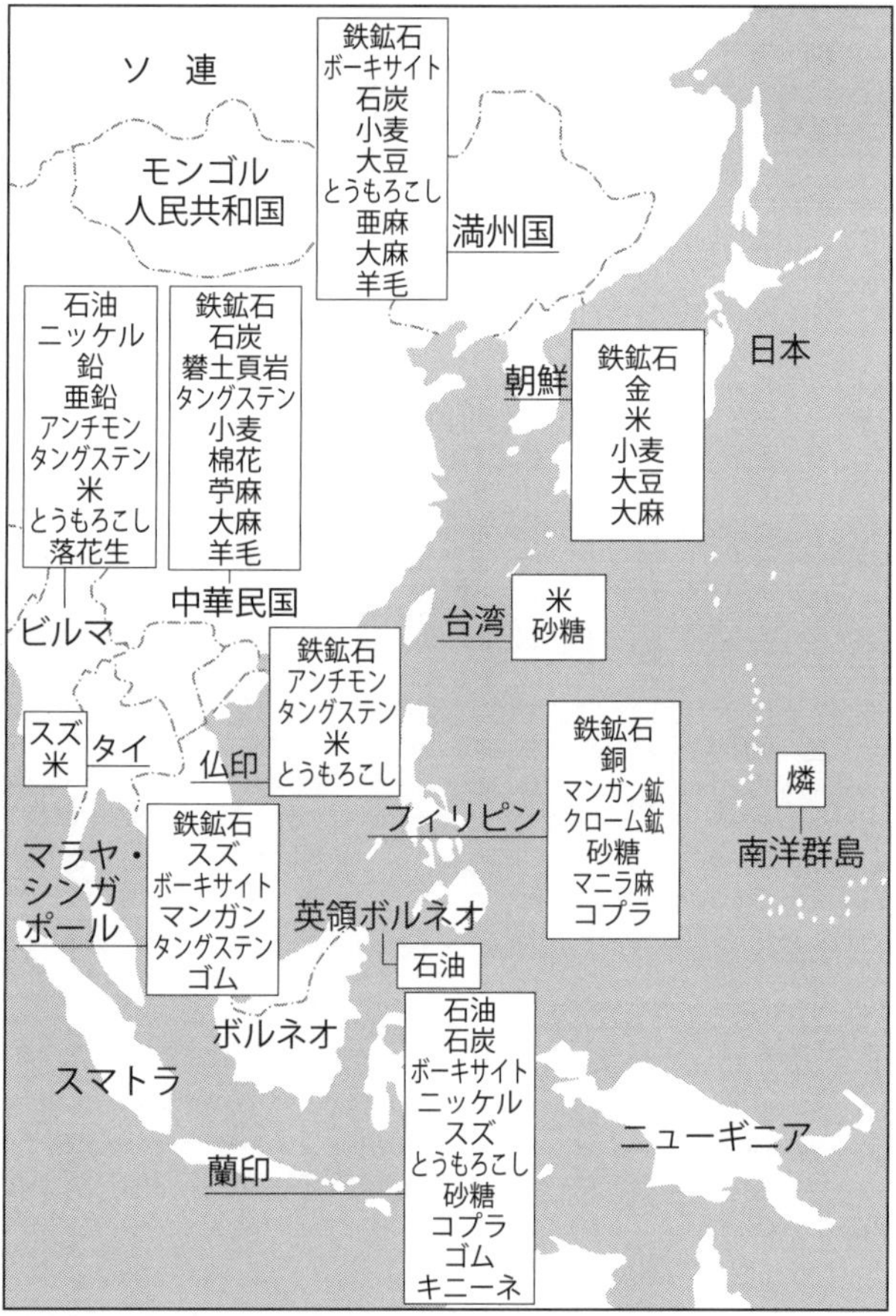

出典：源川真希『日本近代の歴史６　総力戦のなかの日本政治』（吉川弘文館，2017年）を基に筆者作成

大槻正男《おおつきまさお》、橋本伝左衛門《はしもとでんざえもん》などの農業学者、河野一郎《こうのいちろう》、三宅正一《みやけしょういち》といった帝国議会議員らなど四六名の委員がいた。大東亜建設審議会第六部会の委員には、戦時食糧部会の委員は一部しかいなかったが、重複する委員は「主要農産物対策要綱」が第六部会答申にも反映することを望み、きわめて似たものになる。

一九四一年一二月にアジア・太平洋戦争が始まり、農業と食糧の状況は変化する。前章で触れたが、仏印からコメの緊急輸入を求めたように、開戦前の日本はコメ不足だった。増産政策も本格化し食糧自給が課題だった。

しかし、開戦後、南方地域を経済自給圏に組み込んだため、コメをはじめとする主要食糧の自給は、輸送を無視すれば大東亜共栄圏内で可能になった。大東亜共栄圏内のコメの生産は七五六〇万トン、消費量は七〇〇六万トンであり、約五〇〇万トンの余剰が見込まれた。

その一方で、小麦と棉花が不足する。小麦は約一三〇万トンの不足だったが、衣料原料である棉花はより深刻だった。大東亜共栄圏内の需要量は二〇〇〇万担《たん》（一担は約六〇キログラム）に対して、生産量は五〇〇万担だったからだ。

他方で、これまで欧米に輸出してきた商品作物の砂糖やゴムなどが販路を失った。なかでも砂糖は、台湾、蘭印、フィリピンで生産し、二〇〇万トンの余剰が予測されていた。

こうした状況のなか、戦時食糧部会と第六部会が出した方針は、次のようなものだった。

主要食糧は大東亜共栄圏内全体での自給ではなく、まずは日満での食糧自給を達成する、棉花は中国での増産を主として南方でも栽培を行う、砂糖は台湾の生産を主として蘭印、フィリピンでは他の産業に再編する、である。

日満での食糧自給は、日本の農業・農村の維持、先述した人口増加のための農村人口の維持の観点から採用したと考えられる。また、海上輸送への不安や船舶量の増大といった問題から南方産食糧への依存を危惧《きぐ》していた。このため、開戦前にすでに決定した国内でのコメや麦類の増産計画はほぼ認められる。

棉花の増産を期待された北支は、不足する小麦の産地でもあった。結局、圧倒的に不足している棉花増産が優先された。

藤山愛一郎

砂糖については、コストの低い蘭印産とフィリピン産を重視する意見もあったが、日本糖業連合会が台湾産の保護を主張し、同会長藤山愛一郎《ふじやまあいいちろう》が大東亜建設審議会の委員でもあり、台湾総督府も同じ考えだったため、台湾産以外の案が受け入れられることは難しかった。

第六部会では、大日本紡績連合会会長の津田信吾《つだしんご》が、繊維資源の増産への取り組み強化を訴えていた。棉花などの繊維資源の確保を国策として決めてほしいと主張し、北支や中支だけでなく、南方地域での増産を求めた。

棉業関係者は、南方地域での糖業から棉作地への転換を期待していた。第六部会では藤山愛一郎日本糖業連合会会長が、津田から意見を求められると、フィリピンでの九五万トンの砂糖生産を、もし棉作その他に転換できるならば転換しても構わないと述べている。糖業の再編成は、不足する棉花を増産することと結びつけて考えられていく（『大東亜建設審議会関係史料』第四巻）。

農産物の配置は、工業での議論と異なり早くから合意された。それは農産物の生産が工業と比べて、気候、地形、土壌、人口など地理的・社会的な条件に大きく制約されているからだ。さらに、農村人口の維持や輸送量の増大といった政策的な課題や制約もあった。これらの条件が政策選択の幅を狭めて早期の合意につながったといえよう。だが棉花増産の問題は、第5章で見るように大きな課題だった。

構想対立の要因

アジア・太平洋戦争開戦後、日本が優勢の状況のなかですら、大東亜共栄圏の産業配置や産業の統制方法をめぐり、各省庁間で対立し、経済自給圏の建設方法はまとまらなかった。

特に、経済圏を指導し運営する方針を政府内で一致させられなかった。

一九三〇年代の日本は、総力戦体制の構築を図り、欧米の先進国の生産水準に到達する目前にまで迫っていた。だが、国際収支の制約や第二次世界大戦開始後の国際関係の悪化により、資源、資材などの制約から生産力拡充が計画を割り込み、先進国にキャッチアップするだけの総合的な経済水準を持ち合わせていなかった（「『大東亜共栄圏』と鉄鋼業」）。

この未熟な状態で、東南アジアを含む自立した広大な経済自給圏を、軍事力で一挙に構築しようとしたために、運営方法で各機関の意見が対立し、長期構想を実現させる工程を一致させることができなかった。それはそもそも、帝国日本が経済自給圏を運営するだけの経済力を、持ち合わせていなかったからにほかならなかった。

審議会答申の影響力

大東亜共栄圏の長期的な構想を提示した大東亜建設審議会の答申と、その作成過程を見てきたが、この答申の政府内での取り扱いもまたきわめてあいまいだった。その理由は、当時の大日本帝国の国策の意思決定構造にあった。

軍事作戦を立案・指揮する参謀本部（陸軍）と軍令部（海軍）は、戦時期には大本営を形成していた。軍事作戦を担う権限を統帥権というが大本営は統帥権を保持し、統帥権は内閣から独立していた。このため作戦を含めた政戦略を定める国策は、大本営と内閣で調整を行う。その調整のために設置されたのが大本営政府連絡会議である。ここが事実上の国策決定機関だった。重要な国策は、天皇が臨席する御前会議で検討された。戦争中は、内閣だけで軍事が関係する国の重要施策の決定はできなかった。

一九四二年五月八日に内閣は大東亜建設審議会総会で初めて決定された第四部会答申を閣議決定した。そのうえで、大本営政府連絡会議に提出し決定することを計画していた。

しかし、こうした内閣の動きに大本営、特に参謀本部を中心とする陸軍部が強く反発する。彼らが問題としたのは、閣議決定したものを大本営政府連絡会議にかけようとした手続きである。答申の内容は南方占領地軍政と、その後にも関わるものであり、参謀本部はまずは大本営政府連絡会議で議論されて決定すべきであると主張した。

結局、妥協の結果、閣議決定した答申は、「諒解」とされたが「参考」にすぎず、正式な国策は大本営政府連絡会議であらためて研究審議することとなり、五月二〇日の大本営政府連絡会議で承認される。その後、大東亜建設審議会の答申は、八月一九日の大本営政府連絡会議に報告されたが、答申内容の実施にあたっては、大本営政府連絡会議で再審議してから決定するとされた。だが、答申が大本営政府連絡会議で再審議されることはなかった。

内閣は当初、答申を正式な国策として決定する意図があった。つまり答申は国策になることを想定していた。だからこそ、たとえば第四部会答申の審議では、企画院・商工省や陸海軍は、国策となる可能性を意識して検討に参加し、答申に自らの構想を盛り込もうとして強く主張し、対立し紛糾していた。

だが、結果的に大東亜建設審議会の答申は大本営政府連絡会議で決定される国策にはならず、参考にとどまった。そのため、各省庁や機関が施策に直接的に反映させるという点では、影響力はかなり低下した。

ただし、一九四二年八月二一日の閣議で、答申はおおむね適当であるとして「政府施策の基準」にすることが決定する。このため省のなかにはこれを基準として一五年先の長期的な政策を作成し、施策を準備するところもあった。また、軍でも、南方軍が、八月に各地の軍政担当者を集めて軍政施策の基本事項を伝達する場で、一項目として大東亜建設審議会を取り上げ、答申を参考として配付している（『史料集　南方の軍政』）。

しかし、戦争遂行のため目前の問題に取り組むことが優先されるなか、一五年先を目標とした長期計画である答申が、実際の政策にどの程度反映したのかを測ることは難しい。

第3章

自給圏構想の始動

——初期軍政から大東亜省設置へ

日本は、英米と開戦してアジア・太平洋戦争を始めてから、約半年で東南アジアを占領する。では、日本軍の軍政の方針や実施状況はどういったものだったのだろうか。日本の東南アジア占領の目的は、経済的に逼迫《ひっぱく》するなか、この地に豊富に存在した重要国防資源を獲得することだった。

日本は目的達成のために、どのような手段を取り、そのためにいかなる軍政を行ったのか。そして、資源開発のために日本企業をどのように動員したのか見ていこう。

1　アジア・太平洋戦争開戦直後の方針

戦略物資獲得最優先の方針——経済自給圏構築の先送り

日本の東南アジア占領の目的は、東南アジアの戦略資源を獲得し、ひいては経済自給圏を確立することだった。英米蘭からの経済制裁で資源の輸入が途絶したなか、一刻も早く戦略資源を獲得したかった。

ただし、大東亜共栄圏という広域圏・経済自給圏の建設・運営を検討する大東亜建設審議会が、対米開戦の翌一九四二（昭和一七）年二月に設置されたことからもわかるように、長期の構想に基づいたものではない。つまり、経済自給圏の構築は先送りにされてきた政策だった。

経済自給圏の建設を先送りにする方針は、開戦直後の一九四一年一二月一二日に関係閣僚会議による「南方経済対策要綱」で定められていた。そこでは東南アジアに対する第一次対策として「戦争遂行上緊要なる資源の確保を主眼とす」とあり、また第二次対策として「大東亜共栄圏自給自足体制の完成を目標」とするとあった。ただし詳細は別に定めるとし、具体的な政策はなく、事実上先送りである（『南方経済対策（改訂版）』）。この第二次対策の具体化のために設置されたのが、大東亜建設審議会だった。

では、第一次対策の緊要なる資源の確保とはどのようなものだったのか。

それは開戦前の一九四一年一一月二〇日に、大本営政府連絡会議が決定した「南方占領地行政実施要領」に明確に示されている。

南方占領地行政実施要領は、東南アジア初期占領の基本方針であるが、次のようにあった。

第一、方針

占領地に対しては差し当り軍政を実施し治安の恢復《かいふく》、重要国防資源の急速獲得、および作戦軍の自活確保に資す

（『杉山メモ（上）』）

占領地軍政の目的が三つ示されているが、最も重視していたのが「重要国防資源の急速獲得」だった。南方占領地行政実施要領には、さらにこの方針に沿った具体策が記されていた。そこには東南アジアを占領した陸海軍は、作戦任務に支障がないかぎり重要国防資源の獲得と開発に取り組み、できるだけ早く日本本土に輸送すると記されていた。

また、軍政の負担を軽減するため、極力既存の統治機構を利用して従来の組織や民族的慣行を尊重し、旧宗主国の敵国人を使うように記されていた。日中戦争開始以来、日本に敵対的な態度を取っていると考えていた東南アジアの華僑《かきょう》にも、中国の蔣介石《しょうかいせき》国民政府より離反し、日本の施策に協力、同調するように宥和《ゆうわ》的な方針も記されていた。

しかし、日本が戦略物資を獲得し日本に送れば、占領地の物資が不足することが予想される。南方占領地行政実施要領も同様の認識で、物資不足により民衆の生活に及ぶ負担については我慢させて、住民には日本軍に対する信頼を助長するように指導し、独立運動を早期に起こさせないよう指示していた。

日本にとっての東南アジア占領は、まず日本経済維持のためだった。

軍政と独立付与の綱引き

東南アジアの占領地の帰属について、日本の対応は錯綜《さくそう》していた。占領当初の基本方針の南方占領地行政実施要領は、独立に消極的だった。

しかし、開戦以前から大本営・政府は、フィリピンとビルマについては速やかな独立を考えていた。一九四一年一一月一五日に大本営政府連絡会議で決定した「対英米蘭蔣戦争終末促進に関する腹案」では、アメリカ施政下のフィリピンは一九四六年の独立に備えて自治政府が樹立されておりそれを存続させる、ビルマについては独立を促進しインドの独立を刺激すると記されていた。なお、対英米蘭蔣戦争終末促進に関する腹案は、南方占領地行政実施要領の五日前に決定したものである。

また、開戦後の一九四二年一月一五日の大本営政府連絡会議でも、フィリピンは将来、大東亜共栄圏の一翼として協力すれば独立させ、ビルマ、さらに蘭印についても日本の企図することはこれと異なるところはないという、東条英機首相の議会における施政演説の内容が決定する。実際、一月二一日の東条首相演説では、フィリピンとビルマについてはその旨の発言をしている。ただし演説では、蘭印については参謀本部や海軍が独立への言及には反対したため、日本に協力すれば、その福祉と発展のために力添えするにやぶさかではないとの発言に変わっていた。

南方占領地行政実施要領とそれと異なる大本営政府連絡会議の決定は、東南アジア諸地域の独立について、前者が資源獲得のために抑制的だったのに対して、後者は前章で述べた大東亜建設審議会での構想で示したように、日本の支配下や指導下での形式的な独立を想定していた。

こうした独立付与の動きは、現地でも進められていた。鈴木敬司《すずきけいじ》大佐が率いる特務機関の南機関がビルマ独立運動を組織化して、ビルマ独立義勇軍（ＢＩＡ）を編成し、ビルマ内の反英組織タキン党からアウンサンやラミヤンを参謀として迎えていた。一九四二年二月に日本軍によるビルマへの攻略作戦が開始されるとＢＩＡも参加。この作戦を担当する飯田祥《いいだしょう》二郎《じろう》第一五軍司令官はビルマの独立を主張するようになる。

大本営・政府や現地軍が、形式的な独立付与を早期に実行しようとしたのは、高揚する民族主義を懐柔しようとしたためだった。また、日本は戦争のスローガンとして英米蘭帝国主義の搾取・支配体制の打破を謳っていた。それゆえ、植民地の独立は宣伝戦で有利に働くと考えた。

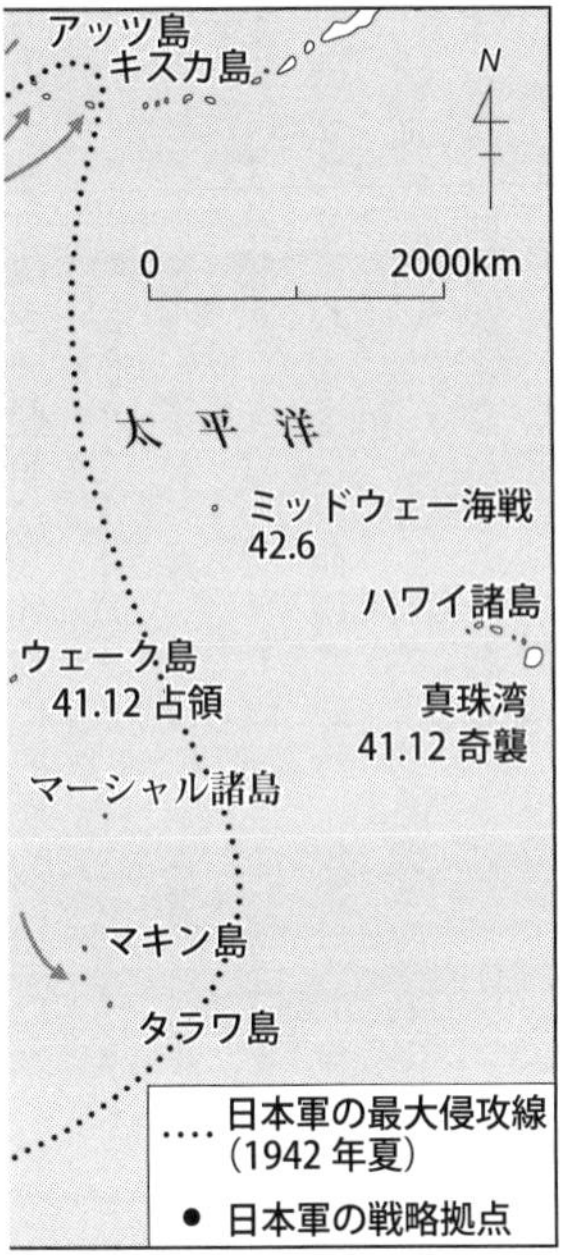

作成

アジア・太平洋戦争前半，日本軍の攻勢（1942年６月頃）

出典：前掲『日本近代の歴史６　総力戦のなかの日本政治』を基に筆者

これに対して、東南アジア占領地全体を管轄し、現地軍を指揮する南方軍は、開戦後に独立を抑制する方針を打ち出し軍政の施行を主張した。このため占領直後の占領地の帰属をめぐって南方軍と大本営・現地軍は対立する。

南方軍が、独立に慎重で軍政施行を強く推進したのは、石井秋穂《いしいあきほ》大佐の存在である。彼が独立運動に抑制的な南方占領地行政実施要領の起案者だった。

石井は北支那派遣軍参謀

を経て、一九三九年八月に陸軍省軍務局軍務課員に就任して多くの国策を立案し、日米交渉の主務担当として武藤章《むとうあきら》軍務局長を補佐した。日米開戦直前の一一月に、新たに編成された南方軍参謀に着任し、南方軍政の諸方針を起案していた。石井は、開戦後の一九四二年一月にフィリピンに赴き、この地域の作戦を担当していた第一四軍の前田正実《まえだまさみ》参謀長と面談後、軍政実施を定めた「比島軍政施行要領」も発していた。

石井秋穂

さらに、石井は一九四二年四月にビルマに行き、第一五軍の飯田司令官と面談、五月には佐藤裕雄《さとうひろお》参謀を派遣して状況を把握し、南方軍総司令部としては独立を尚早として軍政実施を決定する。石井はビルマでの軍政機構案を策定して、寺内寿一《てらうちひさいち》南方軍総司令官の決裁を得て第一五軍に示達した。その結果、BIAはビルマ防衛軍に改編されて日本軍の管轄下に置かれ、独立運動を支援していた南機関は解散させられ、鈴木大佐も更迭された。

石井の考えを基本とした南方軍の方針によって、フィリピン、ビルマの即時独立は消え、日本軍司令官の下で軍政に協力する現地行政府が設置された。日米開戦前の国策の検討過程をつぶさに見てきた石井にすれば、日本の戦時経済の維持には、東南アジアの重要国防資源を確実に獲得し、内地に送ることこそが最優先にすべきことだった。

　また、石井は中国で中華民国維新政府や中華民国臨時政府などの傀儡政権を「内面指導」する現場にいた経験から、形式的な独立を与えても、結局、日本軍が干渉して民心獲得はできないと考えていた。そうであれば、効率的に南方全域の経済統制を行うためには日本軍政下、全域を掌握しておくことが重要と考えた。

　石井の考えは、東南アジアの初期占領方針である南方占領地行政実施要領に凝縮されている。南方軍はこの要領に記された方針を、最も厳格に実施しようとした。それは、後述する英米との戦争でイデオロギーとして唱えられる「東亜の解放」といったスローガンを抑制することにもつながった。

2　欧米植民地での初期軍政――旧統治機構の利用

フィリピン――植民地エリートの協力

　東南アジアの占領が一段落した一九四二年五月末、占領地域の治安と軍政はおおむね順調と大本営は判断していた。それは緒戦での日本軍の圧倒的な軍事的勝利と、既存の統治機構を利用したことにあった。

　アメリカの植民地だったフィリピンは、一九三四年の段階で、四六年に完全独立すること

バルガス

をアメリカは決めていた。一九三五年五月、独立を前提にフィリピン憲法が国民投票で決まり、一一月には自治政府コモンウェルスが発足していた。自治政府の大統領には、マニュエル・ケソン上院議長が選出されたが、彼はスペイン統治時代からアメリカ支配下にかけて成長してきたフィリピン人の植民地エリートの代表格だった。

当初日本軍は、ケソン大統領を懐柔して自治政府を存続させようとした。しかし、ケソンは一九四二年二月にフィリピンを脱出、アメリカに亡命政権を樹立する。このため日本軍はフィリピンに残留したケソン政権の閣僚や、政財界の植民地エリートからなる行政委員会を発足させた。行政長官には官房長だったホルヘ・バルガスを就けた。

フィリピンの植民地エリートは、政治・経済を掌握し、ナショナリスタ党に結集していた。彼らは日本軍政に協力的な態度を取ったが、それは反エリート層の小作人や貧困層が支持するサクダリスタ党と日本が協力することで権力を失うことを恐れたためだった。

植民地エリートの大半は親米的な傾向を強く持っていたが、日本軍は軍政を安定させるため彼らに軍政下で統治を担う行政委員会や、独立付与後も政府の中枢を担わせた。すでに、自治政府の職員もほとんどフィリピン人であり、アメリカ人を利用する必要はなかった。フィリピンでは日本の軍政下でフィリピン人エリートとの間で協調関係が続くことになる（「宥和と圧制」）。

ビルマ——反英運動の利用

イギリスの植民地だったビルマでも、日本軍は既存の統治機構を利用した。当時ビルマは一九三五年に制定されたビルマ統治法により、上下両院からなる植民地議会が設置され、下院議員のなかからビルマ人の首相がイギリス人総督によって指名されるなど、行政の自治組織が存在していた。

自治行政を担っていたのは、イギリスが導入した教育制度のもとで育ったビルマ人エリートだった。日本軍の攻撃により、植民地政庁のイギリス人高等文官はインドに脱出したが、ビルマ人高等文官四九人のうち、イギリス軍と行動をともにしたのは三人だけだった。大半がビルマに残り、県知事などの要職を継続して務めたため、日本軍は既存の統治機構を利用することができた。一九四二年六月四日に日本軍は軍政を布告し、初代首相だったバモウを中央行政府長官に就けた。

開戦前、ビルマ人植民地エリートは、植民地行政を担う存在である一方、イギリス支配を

バモウ（左端）とアウンサン（右端）

批判するビルマ・ナショナリズムの担い手でもあった。対英協力を通じた自治領化をめざす「ビルマ人団体総評議会ＧＣＢＡ」系エリートが圧倒的に優位だったが、反英運動を行っていたタキン党系エリートは民衆から支持を得ていた。バモウはビルマ統治法施行後、初代首相に就いたが、タキン党の反英デモにより退陣に追い込まれていた。

その後、バモウは第二次世界大戦への参戦に反対して反英姿勢を強め、タキン党と協力して自由ブロックを結成した。だが、一九四〇年八月にバモウや多くのタキン党員が逮捕されて、反英運動は押さえ込まれていた。こうしたなか、ビルマを脱出したタキン党のアウンサンなどに日本陸軍の特務機関である南機関が軍事訓練を行い、ＢＩＡを組織させていた。彼らはビルマ攻略作戦を日本軍とともに戦った。

ビルマ占領後、日本軍はＢＩＡを解散してビルマ防衛軍に改編し日本軍の監督下に置き、バモウを中央行政府長官に迎えた。首相経験者であり反英運動で投獄されていた経歴は、行政経験と日本側の望む反英宣伝の双方を満たしていた。アウンサンを国防大臣に就けるなどタキン党員を閣僚に登用し、タキン党の不満を緩和させ、日本軍政への協力を取り付けることになる（『抵抗と協力のはざま』）。

ジャワ――二〇万人のオランダ人問題

ジャワ軍政は蘭印の宗主国の人々を統治に利用する。広大な蘭印では、ジャワ島を陸軍の第一六軍が、スマトラ島をマラヤとともに第二五軍が、ボルネオ島・セレベス島以東を海軍が統治し、三つの軍政地域に分かれていた。一九四二年三月一日から開始されたジャワ島上陸作戦は、三ヵ所から六万人を投入して行われたが、三月六日には首都バタビア（ジャカルタ）を占領し、九日には蘭印軍は降伏した。

蘭印では中央行政機構や企業の主要な役職を、ほとんどオランダ人をはじめとした白人が握っていた。オランダ本国がドイツに占領されて以降、逃れてきたオランダ人も多く、蘭印には東南アジアで最も多くの欧米系の人々がいた。

日本軍がジャワ島を占領してまず直面した問題は、これらのオランダ人をはじめとする敵国人の扱いだった。約二〇万人にのぼるオランダ人のうち、旧蘭印軍軍人や政府機関の官吏は、業務の引き継ぎに必要な一部の者を残してすべて捕虜として収容した。オランダ人婦女子や民間人の男子は、居住地の指定と、日本軍への忠誠が義務づけられた。その後、都市部の一定地域に強制的に移住させる居住地制限が行われ、徐々に収容所に送り込んでいく。

蘭印軍の敗戦が予想より早かったことや、東南アジアの占領地では日本から最も遠方で軍政要員や民間業者の派遣が間に合わなかったため、重要物資を取り扱う企業や農園などでオランダ人の責任者や技術者に職務を継続させた。また、占領当初の治安悪化に対して、オランダ人警察官に治安維持の職務を担わせた。

しかし、こうしたオランダ人への処遇には軍内で批判が起こる。南方軍の指示により、徐々に到着した日本人の軍政要員や民間企業の社員などが業務を引き継いでいった。ただし軍政すべての遂行を日本人だけではできず、多くをインドネシア人に委《ゆだ》ねていくことになる。

日本軍は、当初からインドネシア民族主義者を懐柔して、彼らの影響力を利用して住民に協力させようとした。スカルノやモハメッド・ハッタなどオランダ統治時代に反植民地運動で投獄やバタビアから遠方へ流刑にされていた民族主義者を解放し協力を求めた。スカルノは早期の独立につながるとの考えから軍政に協力し、民衆動員に大きな影響力を発揮した。このような民族主義者の協力によってジャワ軍政は進められた。

一九四三年一一月から居住を制限されたオランダ人は、軍抑留所への収容が始まり、その人数はジャワ島で約七万人に及んだ。貧弱な施設、劣悪な衛生環境、食糧不足、虐待暴行のなかで、多くの民間人が亡くなった。日本側がまとめた資料では、ジャワ島で六三五三人、スマトラ島で一二二七人が死亡した。蘭印の敵国民間人抑留所は東南アジアで死亡者が最も多く、戦後に戦争犯罪裁判で追及されることになる（「加害と被害―民間人の抑留をめぐって」）。

マラヤ・シンガポール――華僑の弾圧、マレー人の登用

第二五軍が占領した英領マラヤ・シンガポールは、東南アジアの他の地域とは異なる施策が採られた。シンガポールが「昭南島《しょうなんとう》」と改称されたように、日本はマラヤ・シンガポールを東南アジアでの軍事拠点とするために、日本領にするつもりだった。このため日本から多くの軍政担当要員が送られ、イギリス人はただちに収容された。

英領マラヤ・シンガポールには華僑が多く居住していた。特にシンガポールは人口の半数近くを華僑が占め、社会・経済のなかで大きな存在だった。第二五軍は、華僑に対して厳しい武断政策を行う。占領直後の一九四二年二月に司令官山下奉文《やましたともゆき》は、シンガポールの華僑について、三日間で日本に敵対的な立場にあると判断した者は、ただちに処刑せよという命令を下し、憲兵隊を中心とした警備隊などが実行した。

一八歳から五〇歳までの華僑の男性を指定場所に集合させ、簡単な尋問を行っただけで、「抗日分子」とみなした者は、トラックに乗せ郊外の海岸などで射殺した。抗日的でないと

判断した者には「検証」の印を押したことから、この虐殺は「シンガポール大検証」と呼ばれる。多くの人数を短期間で判別したため、「抗日分子」の捜索や判別は杜撰《ずさん》であり、もちろん司法手続きもなかった。

犠牲者の数は定かではないが、警備司令官でこの作戦を指揮した河村参郎《かわむらさぶろう》少将の日記には、部隊長を集めた二月二三日に「処分人員総計約五〇〇〇名」との報告が記されている。こうした虐殺を日本軍は「粛清」と呼び三月まで行った。現在、シンガポールでは四万～五万人が虐殺されたとしている(『裁かれた戦争犯罪』)。

その後、日本軍はマレー半島の各地でも同様に「粛清」を行い、抗日ゲリラに通じていると嫌疑をかけた村や集落などで多くの華僑を虐殺した(同前)。

日本軍にとって、東南アジア経済に強い影響力を持つ華僑を占領経済政策に協力させることは経済運営に不可欠だった。日中戦争下、蔣介石国民政府に送金などの支援してきた華僑に、抗日的態度を改めさせ日本軍に協力させるため、華僑が多く住む英領マラヤ・シンガポールでは占領当初に厳しい弾圧政策が採られた。こうした日本軍の行動によって、華僑社会の代表者・有力者たちは、日本軍への全面的な協力を約束し五〇〇〇万円を献金した。

一方、日本軍はマレー人に対しては、無気力で気楽な生活を送っているという認識から行政能力に疑問を持っていたが、親日的な者を下級官吏や警察官などに登用した(『渡邊渡《わたなべわたる》少将軍政関係史・資料』第五巻)。このためマレー人の警察官が抗日活動をしている華僑を取り締まった。このような日本の施策は、マラヤの民族問題をより複雑にしてしまった。日本占領下で膨らんだ民族間の対立は、戦後も尾を引き流血事件を引き起こすことになる。

他方で、マレー半島の地域支配者だったイスラム世界のスルタンたちに対して第二五軍は、一九四二年七月に「王侯処理に関する件」を作成している。その政策は、英領マラヤ時代のスルタンの権力を削《そ》ぐものだった。日本軍の指導により、王位、人民、土地を天皇に「奉納」し、宗教上の祭主の地位と世襲財産のみ認め、統治には一切関与させなかった(『渡邊渡少将軍政関係史・資料』第三巻)。

日本軍侵攻後のフィリピン、ビルマ、蘭印、英領マラヤ・シンガポールを駆け足で見てきたが、初期の南方軍政は、残存統治機構の利用や従来の民族的慣行を尊重するなど宥和的な施策が採られることが多かった。ただ、これは日本の利益実現のためであり、厳しい弾圧も認められていた。それは、マラヤ・シンガポールの華僑だけでなく、現地エリートとの宥和的な関係が採られたフィリピンをはじめとした他の占領地でも、抗日的とみなした人々には行われていた。

同化政策——日本語教育

初期占領の基本方針である南方占領地行政実施要領は、文教政策について示していなかった。しかし、軍政を始めると現地での言語や教育の施策が必要となってくる。

一九四二年一月、南方軍は大東亜共栄圏内の意思疎通のために日本語を普及させる指針を示した。二月から開催された大東亜建設審議会では、第二部会が五月に「大東亜建設に処する文教政策答申」を決定し、現地の固有語は尊重するが、大東亜の共通語として日本語の普及を図るために具体的方策を立て、欧米語は速やかに廃止する措置をとるべきと提言した（『大東亜建設審議会関係史料』第一巻）。

この答申後の六月、軍中央も日本語の使用を徹底的に行うとの方針を打ち出す。八月七日に南方軍は各軍に対して、多少の不利不便を我慢しても早いうちから日本語を徹底的に使用し、現地の人々に日本語を習得させるとの指示を出した（『史料集　南方の軍政』）。

こうした措置の背景には、多様な民族が固有の言語を持つ南方地域で、敵性語である英語を排除したのちに共通言語が必要だったこと、日本語を通して日本の精神や文化を浸透させて、諸民族の団結強化を図るという考えがあった。日本国内には、日本語は日本精神の具現であり習得させることにより、各民族の文化を合一させて文化面で大東亜が一体になるという独善的な考えがあった。だが、日本語教育の方法は具体的ではなく漠然としたものだった。

日本語の普及政策は、中央での具体的方策がないため現地軍に任され、地域によって相当な違いがみられた。占領前の各地での教育の事情が異なり、各地の実情に合わせた政策を採ったためだった。なお、各地域で現地語のひとつが公用語に指定された。フィリピンではタガログ語、ジャワではインドネシア語、ビルマではビルマ語だった。

南方占領地では、日本語が学校教育の必修授業にはなったが、多くの地域で他教科の教授には使われなかった。それゆえ、日本語を通じた同化のレベルは、日本人化をめざした朝鮮や台湾などの植民地とは異なり、あくまでその地域に合った戦争協力体制をつくるためのものだった（「『国語』教育から『東亜の日本語』教育への道」）。

ただし、日本の領土に編入する予定とされたマラヤでは次第に日本語教育が強化され、一時は現地語も排除されることがあった。マラヤでは日本文化への同化も徹底的に図られた。日本語教育の徹底だけでなく、日本語普及運動の展開、東京の天皇に向けた遥拝、君が代斉唱、昭南神社や忠霊塔への参拝、日本の祝祭日での祝賀行事、東京時間の導入、日本式の国民儀礼、街路名などの日本名称化など、さまざまな日本化を強要した。

しかし、日本語教育は仮名遣いが再三変更されるなど、場当たり的で一貫性に欠け、普及は失敗に終わった（「日本軍政下のマラヤ・シンガポールにおける文教施策」）。

3 日本企業の進出――油田・鉱山復旧、開発の実態

一地点に一企業

軍政が施行された東南アジアでは、一九四一年一二月一二日に決定した南方経済対策要綱に基づき、日本企業が直接、開発などの事業に進出した。

開発の重点は石油である。資金や資材などを優先的に配当するなど、必要なあらゆる措置を取るとして、その事業は軍の直営とした。

石油以外の鉱物資源は、日本の民間企業の開発力を利用し、できるかぎり速やかに開発拠点を復旧して、さらに新規地点の開発を促進するとした。特にニッケル、ボーキサイト、クローム、マンガン、雲母《うんも》、燐《りん》鉱石などを重視していた。

開発の具体的な方法は、一地点で一企業者にすべて担わせるものだった。また、同種資源を二つ以上の企業者に分担させ、一企業に独占させないようにしていた。中国などの勢力圏下で行われた独占的な総合開発会社のマイナス面を教訓としていた。つまり、日本政府・軍中央が開発地点ごとに担当する民間企業を直接選定し、能率的かつ速やかに重要国防資源の獲得を図ろうとするものだった（『南方経済対策（改訂版）』）。

こうした方法は南方地域を軍政下に置いたことで可能となった。南方の多くの鉱山などが敵性資産（敵産）だったため、日本軍が接収したうえで戦時中は日本企業に委託経営させる形式をとったのである。

日本軍は一九四三年から四四年にかけて経理関係の統制命令を出し、委託経営の事業ごとに収支を分ける勘定を設けさせた。企業は利益が出た場合には一定程度の収益を受領でき、損失が出た場合でも基本的には軍が補塡することになっていた。民間企業の行動に規制を加えつつも、利益分与と損失補塡によって、企業にインセンティブを与えて経営のリスクを軽減し、委託経営に取り組ませようとしたのだ。

接収した敵産の委託経営以外にも軍が新規に民営事業を命じる場合があったが、経理に関しては委託経営と同様の扱いだった。ただし、このような進出企業への優遇措置もあって、開発地点の受命獲得をめぐって企業間で激しい競争が起こることになる。

第六委員会による進出企業の選定方法

開発を担当する企業の選定は、一九四一年一一月二八日に内閣に設置された第六委員会（のちに大東亜省連絡委員会第一部会が引き継ぐ）が担当した。第六委員会は南方地域の資源の取得および開発など、経済の企画と統制について立案審議を担当し、企画院総裁を委員長に各省の次官で構成された強力な機関だった。

企業の選定にあたっては、一九四二年の南方経済対策要綱では現地や他地域でその事業の優秀確実な経験がある企業を選定することが謳われ、翌年一月二〇日に閣議決定した「南方経済処理に関する件」では、重要な開発企業の担当者の決定にあたって民間の統制団体の意見を十分に参酌するとしていた。これらの方針は、現地経験や開発能力がある企業に担当させることで、効率のよい生産を行わせ速やかに資源を獲得するためだった。第六委員会は、開発を担当する企業が適格かどうかを鉱山統制会などの関係統制団体に諮問して、委託する企業を決定していた。

まず、開戦前に東南アジアで開発に関与していた企業が選定された。第1章で述べた石原産業は、すでに進出していた鉱山や隣接する鉱山、関連する海運・倉庫などの事業を受命した。

同じく第1章で、蘭印のビンタン島ボーキサイト開発で古河電工の上島清蔵について触れたが、同鉱山の開発やフィリピンのサンバレス州クローム鉱山の開発は、古河財閥の中核的企業の古河鉱業が命じられ、開発責任者には上島が就任した。

戦前に三井物産が出資して製品販売にも深く関与していたフィリピンのマンカヤン銅山の開発は、同じ財閥の三井鉱山が受命した。

このように戦前の実績やその資源開発の経験をもとに、委託経営が命じられた。各企業は政府・軍に対して開発地を申し込み激しい獲得競争をしたが、企業は利益追求だけでなく戦中に実績をつくり、戦後もその事業を獲得したい意図があった。戦後に向けた利権の争奪戦だった。

ボードウィン鉱山　英領ビルマの北東部，標高1000メートルに位置する．世界有数の鉛，亜鉛を産出．1942～44年末まで日本から約240名を派遣．連合国軍の空爆で操業中断が多かった

こうした企業間の競争では紛糾もあった。たとえば、世界有数の鉛・亜鉛鉱山だったビルマのボードウィン鉱山をめぐってのものだった。戦前にボードウィン鉱山から亜鉛鉱を購入していた三井鉱山と、委託受命の指名に名乗り出た日本鉱業が激しく争ったが、その背後には三井鉱山を推す陸海軍・企画院と日本鉱業を推す商工省・鉱山統制会があった。

鉱山統制会会長の伊藤文吉は、この紛糾が起きる前年の一九四一年一二月まで日本鉱業の社長であり、日本鉱業を起業した鮎川義介《あいかわよしすけ》と伊藤は、日本鉱業の受命を各所に働きかけた。当時の商工相岸信介も、満州国産業次長のときに鮎川の日本産業財閥の満州国移駐に関与して以来、鮎川と緊密な関係にあり、日本鉱業を強く推した（『「南方共栄圏」』）。

結局、第六委員会では決定できず、六月に関係大臣会議で暫定的に陸軍直営の経営形態を採用し、そのもとで日本鉱業が銅精錬を、それ以外の大部分を三井鉱山が担うことになる。このボードウィン鉱山では、それぞれの企業が調整によって一地点で一企業が開発を担当するという原則を守れなかった。

いずれにせよ、東南アジアへの日本企業の進出は、政府・軍の中央で選定した。この方法は、現地軍である関東軍が企業の選定に強力な実権を握っていた満州国の場合とは異なり、圏域内全体を見通しての経済計画が立てやすかった。

進出企業の全体像

開戦当初の経済政策では、造船や資源開発設備の修理工業などを除いて、南方での工業を興さないとの方針が採られていた。その理由は、重要国防資源を日本に送ることを最優先とする一方で、日本からの工業資材の輸送を減らすためだった。

しかし、一九四三年五月二九日に大東亜省連絡委員会第一部会で決定され、六月一二日に大本営政府連絡会議で確定した「南方甲地域経済対策要綱」によって、方針が転換する。

この要綱では、重要国防資源の獲得を最優先とする一方、民衆生活を維持するため住民の生活必需物資の現地自活も重視していた。このために繊維工業などを現地で興すことを意図していた。この決定以後は日本から軽工業の中小企業が南方に進出することになる。

政府・軍が政策を変更したのは、連合国軍の反攻に備えて現地住民にさらなる戦争への協力をさせるためだった。この要綱の「改訂の要点」には、民衆生活の維持、民心の把握と現地経済の健全な運営を通して、戦争に寄与させるとの方針が示されていた（『大東亜戦争中ノ帝国ノ対南方経済政策関係雑件（支那事変及第二次欧州戦争ヲ含ム）第一巻』）。

では、東南アジアへ進出した日本企業はどういったものだったのか。

占領した南方地域について日本軍は、フィリピン、ビルマ、蘭印、マラヤなどを甲地域、タイと仏印を乙地域と呼んだ。この甲地域・乙地域に進出した日本企業について調査を行った疋田康行編『「南方共栄圏」』によれば、次のような状況だったことがわかる。

甲地域のうち海軍が統治した蘭印のボルネオ島、セレベス島以東以外の陸軍の占領地域では、二七八社が一二〇四件の通牒《つうちょう》を受命した。通牒とは軍から企業に出された命令書だが、ここには複数の事業が併記されている場合もあり、事業数はさらに多い。一方、海軍の占領地域では一〇二社が二六八件の事業を受命した。この場合、陸軍の通牒型式にあてはめてみ

3-1　南方への日本企業の進出数と事業数

	陸軍主担任地域			海軍主担任地域		
	社数	通牒数	全通牒数に対する比率	社数	受命件数	全受命数に対する比率
10大財閥系	67	549	45.6%	17	84	31.3%
国策会社系等	17	49	4.1%	13	45	16.8%
大商社・準大商社系	12	115	9.6%	9	27	10.1%
大企業系	59	229	19.0%	16	39	14.6%
中企業系	57	152	12.6%	15	21	7.8%
小企業系・不詳	66	110	9.1%	32	52	19.4%
合計	278	1204	100%	102	268	100%

註記：1）国策会社系等には，配給・統制会社系も含む．2）大企業系・中企業系・小企業系には，主な活動基盤が東南アジアにあった「現地化」企業も含む．3）不詳は資本系列がはっきりしないが小資本によって戦時中に設立されたと考えられているので小企業系に含めた
出典：疋田康行編『「南方共栄圏」』（多賀出版，1995年）を基に筆者作成

ると、もっと少なくなる。なお、乙地域の進出企業の全体は明確ではないが、敗戦時の日本の進出企業は一六七社だった。

これら事業の通牒数や受命件数を資本類型別にみたものが3－1である。陸軍主担任地域で一〇大財閥系が全体の約半数を占めた。一〇大財閥とは三井、三菱、住友、安田、日産、浅野、古河、大倉、野村、中島だが、中島を除く九つが進出している。なかでも三井財閥系が最も多く二〇社二四〇件で、次いで三菱財閥系が一三社一一五件と続いた。大企業や商社も多かったが、中小企業は会社数に比べて通牒数が少ない。重要な鉱山の委託経営や農業・交易集荷配給、大規模な工業事業は、一〇大財閥系と大企業に割り当てられていたが、東南アジ

ア地域では工業の発展が抑制されたため、工場は小規模なものが多く、中小企業も進出の余地があった。

また、海軍主担任地域では一〇大財閥系が約三〇％で、陸軍地域とは違って中小企業も約三〇％を占めた。海軍担当地域は鉱業を除くと大きな事業が少なく、財閥系や大企業系の受命社数や受命件数の比率は陸軍担当地域より低かった。

このように東南アジアの占領地には、日本企業が多くの事業に直接進出した。財閥系の企業や大企業は、多くの重要な鉱山や工業の事業を担当し、多くの日本人社員も派遣されていた。陸軍地域だけでも、軍人を除く在留邦人は、一九四二年一二月までは軍政要員と産業開発交易要員がそれぞれ約六〇〇〇～七〇〇〇人、再渡航者が約三〇〇〇人の一万七〇〇〇人程度だったが、続々と増加して、翌四三年六月には四万人を突破した。

油田の復旧と石油の獲得

他方で、開戦初期の方針である重要国防資源の急速獲得を日本軍はできたのだろうか。まず最も重視していた石油の状況を見てみよう。

開戦前から、陸海軍は占領地の分担を決めていた。陸軍はフィリピン、英領マラヤ、スマトラ、ジャワ、英領ボルネオ、ビルマなどで、海軍は蘭領ボルネオ、セレベス、ニューギニアなどだった。これは、パレンバンなどの油田地帯があるスマトラを陸軍が、タラカンなどの油田地帯がある蘭領ボルネオを海軍にと、主たる油田を陸海軍で分け合うためだった。

開戦前の一九四一年から、陸海軍は日本石油、帝国石油、日本鉱業などの石油各社に対して、油田開発のための人材や機材の供出を準備させ各社もこれに応じていた。南方地域の油田占領時には、すでに油井や製油所などが破壊されていることを想定して、新しい油井の掘削や消火活動のため、各社からの技術者を徴用して部隊を編成していた。

一九四一年一二月、陸軍が英領ボルネオのミリを占領すると、石油技術者もすぐに上陸して、破壊された油田、製油所、パイプラインの復旧に着手した。

一九四二年二月には、スマトラ島南部のパレンバンを陸軍の落下傘部隊が急襲して油田地帯を占領する。最も生産能力が高かったプラジュ製油所は、大きな損傷なく確保したが、他の製油所は火災を起こし、坑井は破壊されていたため、三月から技術者部隊による本格的な復旧作業が行われた。また、同じ三月にはジャワ最大のカウエンガン油田、四月にはビルマのエナンジョン油田も占領している。

南方地域の油田地帯を確保した陸軍は、油田の管理と燃料行政の統一を図るために南方燃《ねん》料廠《りょうしょう》を仏印のサイゴンに設置し（一九四二年五月にはシンガポールに移転）、その下部組織である支廠をスマトラ、ジャワ、ボルネオ、ビルマなどに設置して、各地の油田、製油所を管理させた。陸軍に動員された民間石油会社の技術者は、製油所の復旧と操業が始まると大規模になっていく。一九四四年九月の最盛期には、軍人・軍属が約八〇〇〇人、現地人その他が約一〇万二〇〇〇人で、一一万人が配置されていた。

パレンバン油田，蘭印スマトラ島　占領直後．一部破壊されたが復旧は早かった．同地はアジア最大級の産出地であり期待が大きかった

一方、海軍も、一九四二年一月には蘭領ボルネオの石油基地バリックパパン一帯やタラカン島を確保して復旧にあたった。海軍も南方油田の管理のために第一〇一海軍燃料廠を開戦直後に設立して、本部をバリックパパンに置いた。一九四二年九月に本部をボルネオ島サマリンダに移したが、その代わりにバリックパパンでは同月に、第一〇二海軍燃料廠を独立させ製油所の運営にあたらせた。これらの海軍燃料廠は、一九四四年九月には軍人・軍属約七〇〇〇人、現地人その他三万人の組織だった。

被災していた油田・製油所の復旧は急ピッチに進み、一九四二年三月には陸軍管轄の英領ボルネオのミリから内地に向けて原油を積んだ第一船が出航し

3-2　南方石油の内地への輸送実績，1942〜44年（千kℓ）

	42年	43年	44年
開戦時の期待量	300	2,000	4,500
原油	1,082	1,907	800
航空揮発油	96	294	350
自動車揮発油	141	178	250
重油	234	361	500
潤滑油		1	
製品計	471	834	1,100
原油・製品計	1,553	2,741	1,900

出典：山崎志郎『太平洋戦争期の物資動員計画』（日本経済評論社，2016年）．期待量は，燃料懇話会『日本海軍燃料史（上）』（原書房，1972年）．これらを基に筆者作成

た。海軍管轄の蘭領ボルネオでは、四月にタラカン島から、五月にはバリックパパンから内地へ原油が積み出された。

石油の速やかな獲得は、うまくいったが、それは東南アジアで生産量が最も多かったスマトラ島南部の油田地帯を比較的軽微の損傷で占領したことが大きかった。落下傘部隊が急襲占領したプラジュ製油所は一九四二年四月には航空機揮発油の製造を再開している。

東南アジアで陸海軍が占領した油田の採油井約四八〇〇坑のうち、半数以上の約二七〇〇坑が破壊されていたが、ほとんどが修復可能だった。一九四三年三月の段階では七三・四%が、敗戦までには八〇・六%が復旧した。

一九四二年五月から七月にかけて、スマトラ島南部の油田群が復旧すると、南方の石油生産量は急速に拡大した。原油生産量は、一九四二年では三六六・九万キロリットル、四三年には七一九万キロリットルに達した。アメリカの戦略爆撃調査団は一九四〇年における南方

全体の原油生産量を約一〇三五万キロリットルと算出していたが、四二年は約四〇%、四三年は約七六%まで回復したと見ている。

戦前の見通しでは、おおむね開戦一年目に三〇万キロリットル、二年目に二〇〇万キロリットル、三年目以降に四五〇万キロリットルの内地への輸送を想定していた。実際には、詳細な区分を含めて判明する帝国石油のデータによれば3-2のように、製品も含めて一年目には一五五・三万キロリットル、二年目も二七四・一万キロリットルと、当初の二年間は計画より多くの量を内地に輸送していた（『太平洋戦争期の物資動員計画』）。これは、油田・港湾設備の速やかな復旧だけでなく、内地への輸送タンカーの損失が少なかったためでもある（『日本海軍燃料史（上）』）。

鉱山の復旧と内地への輸送

石油の獲得は速やかに行われたが、他の重要国防資源はどうだったか。アルミニウムの原料ボーキサイトと銅について見てみよう。

戦前日本が最も多くボーキサイトを輸入していた蘭印のビンタン島は、一九四二年二月に日本軍が占領した。日蘭商事の常務上島清蔵は、陸軍に呼び出され、従軍のうえ占領後の生産に着手してほしいとの要請を戦前から受けていた。開戦直前の日本でのボーキサイト在庫量は二五万トン、各社が予定通りアルミニウム生産を行った場合、一九四二年七月には在庫が尽きる状態だった。上島は要請を受け入れ、自身の代わりにビンタン島鉱山に詳しい日蘭商事嘱託の広川稔《ひろかわみのる》技師を責任者にした七名を従軍させた。

一九四二年二月、内閣の第六委員会はビンタン島のボーキサイト開発に古河鉱業を選定し、上島を現地責任者にすることも決定した。古河財閥は、この決定を受けて日蘭商事、古河鉱業、日本軽金属など関連会社から派遣要員を選定し、三月に軍用船で現地に出発させた。上島は四月に飛行機でシンガポールに入り、復旧の準備を開始した。

現地では破壊はそれほどではなかったが、貯鉱が予想の七分の一以下である一万三〇〇〇トンしかなかった。広川技師らがオランダ人スタッフへの便宜を日本軍に掛け合い、彼らの協力を得て五月には復旧作業に着手し、五月二三日には早くも二六〇〇トンを日本に積み出している。

現地軍の支援も厚かった。上島は四月下旬には、ビンタン島を所管する第二五軍司令官の山下奉文と面会して、復旧のため便宜供与の了解を得る。このためオランダ人スタッフの協力を得て、各地で接収したトラックやショベルなども優先的に配置された。八月に入ると毎月三万五〇〇〇トンの出鉱が可能となり、その後も採掘と積み出しの量は増加した。3-3は、ビンタン島ボーキサイトの採鉱量と内地への輸送量である。ボーキサイトも、また速や

3-3　ビンタン島ボーキサイト採鉱量と内地への輸送量，1942～45年（単位：トン，隻）

	42年	43年	44年	45年
採鉱量	377,620.0	731,427.5	311,126.0	—
輸送量	374,092	648,840	303,780	1,800
配船数	76	113	44	—

出典：古河鉱業株式会社『創業100年史』（1976年），疋田康行編『「南方共栄圏」』（多賀出版，1995年）を基に筆者作成

かな獲得と日本への輸送に成功した。

銅は、大東亜共栄圏内では不足が予想され、開発が特に重視されていた。銅の元となる銅鉱石の産出地はフィリピンだった。なかでもルソン島北部マウンテン州のマンカヤン銅山は、東南アジア有数の鉱山だった。一九三六年から開発が始まり、その精鉱は三井物産を通してすべて日本が輸入していた。

一九四一年一二月三〇日、第一次の開発担当企業として三井鉱山が選定された。マニラ占領後の一九四二年三月には、三井鉱山のスタッフが鉱山に入った。だが、主要な坑道や坑外施設は爆破されていた。特に坑内はダイナマイト一六〇〇函《はこ》で徹底的に破壊され、復旧は容易ではなかった。

最大の問題は選鉱所の再建だった。五月に三井鉱山はマンカヤン銅山鉱業所を設置して復旧を急ぎ、一〇月に粗鉱の出鉱と搬出を開始したが、選鉱所を操業し粗鉱を精鉱にして搬出できたのは翌一九四三年一月だった。それも、他の鉱山から資材を転用して充当し、軍からトラックやガソリンの支給を受けて、突貫工事を行った結果

だった。

マンカヤン銅山の銅鉱石は、山からサンフェルナンドのポロ港まで一七一キロメートルの険しい道をトラックで輸送しなければならなかった。操業開始後は、三井鉱山関係者の尽力や周辺の治安警備が進み、労働力の調達に成功して近隣には人口一万人ほどが生活する鉱山コミュニティーが作られた。結局、一九四二年一〇月から四四年前半までに粗鉱を三八万七〇〇〇トン、精鉱にして四万トンを生産する。ただし、一九四四年九月にポロ港が空襲を受けた後は積み出しが中止になったため、内地に送ることができた精鉱量は全部で二万九〇〇〇トンにとどまった。

南方地域での軍事作戦の成功と短期間での占領、そして目的である重要国防資源の獲得の状況を、大本営は一九四二年五月末に各方面で順調に進んでいると評価していた。特に主要な重要国防資源は「所望量の取得にはおおむね支障のない有様」ととらえている（『史料集南方の軍政』）。

しかし、南方軍は楽観視していなかった。南方軍が八月七日に出した「軍政総監指示」では、重要国防資源の内地への輸送実績は一部で計画数量を超過しているが、予定数量に達していないものもあり、輸送船の不足も予想されるので、物資の内地への輸送は日本の需要の緊急度によって調整する、物資動員計画の要請に対応できるように備えてほしいと各軍に指示していた（同前）。

実際、復旧困難な鉱山や施設も少なくなく、内地に送ることができなかった物資もあった。そして、危惧していた輸送船の不足が、一九四二年秋から現実になる。

大東亜省の発足（1942年11月1日）　大東亜共栄圏諸地域を外務省管轄から分離し，広域経済圏の担当省庁として設置

大東亜省の設置――自給圏形成へ

一九四二年九月一日、政府は大東亜省の設置を閣議決定した。大東亜省は、大日本帝国の領域を除く大東亜地域に関する「政治、経済、文化等諸般の政務の執行に関する一元的機関」とするものだった。大東亜の地域は「純外交」の事務を除いて外務省の管轄から切り離された。

大東亜省設置には、東郷茂徳《とうごうしげのり》外相が強く反対していた。大東亜共栄圏下での各民族の独立が日本の指導下にあって制限を受けることを東郷も認めていた。だが、本来の外交機関以外が満州国や中国の汪兆銘政権などの「独立国」の事務を担当することは、独立が名目のみで属国視していると、日本への不満や非協力につながり、外交一元化の原則にも反すると主張していた。

これに対して東条英機首相は、大東亜の建設が日本の戦力増強の基礎であり、戦争遂行力を急速に増強するには、大東亜建設の企画実施を一元的かつ包括的に行うことが必要で、そのための行政組織の確立が必要だと譲らなかった。

東条が主張する背景には、大東亜建設審議会で答申された全域の階層的秩序の考えがあった。各民族がそれぞれ分に応じて共栄圏の建設に働くためには、一体的な圏域形成が必要で、それを指導する日本も一元的に指導する必要があるというものである。緒戦で勝利し、占領地軍政も始まり、連合国軍の反攻に備えて経済自給圏を形成するために、政治と経済を統合した運営機構も整備しようという考えからだった。

閣内不一致による内閣総辞職を避けるため、東郷外相は単独辞職に追い込まれた。東条首相は東郷と同様の考えから反対する枢密院も押し切り、大東亜省は一一月一日に発足する。

大東亜省は、外務省の東亜局と南洋局、拓務省、対満事務局、興亜院の三省庁が統合され発足した。省内には、総務局、満州事務局、支那事務局、南方事務局が置かれた。各地に進出する企業などの選定にあたってきた南方地域の経済政策を担当する第六委員会は、大東亜省連絡委員会第一部会に改編され、大東亜省の管轄下に置かれた。

大東亜各地を担当する部署が一つの省にまとまり、地域を横断した政策が実施できる仕組みがつくられた。日本政府は、大東亜共栄圏を広域圏として一元的に運営しようとする態勢を整え、経済自給圏構築に本格的に着手しようとしていた。しかし、実際には、帝国日本内の生産を軸にした圏域経済はすでに困難に直面しつつあった。それについては、第5章で触れていく。

第4章

大東亜共同宣言と自主独立

——戦局悪化の一九四三年

英米とのアジア・太平洋戦争が始まってから一年が経過し、連合国軍の反攻が強まるなか、政府・軍中央は大東亜共栄圏内の人びとに戦争協力をさせようとしていた。そのために圏内で新たな政治体制を構築しようとする。この章ではその一連の動きを描く。

一九四二年末に日本は、中国の汪兆銘政権に対して権限の多くを委譲する対支新政策を実行、四三年八月にビルマ、一〇月にはフィリピンの独立を認める。そして一一月、アジアにおける独立国の首脳を東京に集め、大東亜会議を開き、大東亜共同宣言を発表する。この大東亜宣言は何を意図し、どういった意義を持ったのだろうか。大東亜共栄圏との関係から読み解く。特にこれらを主導し、アジアの国々の「自主独立」と「対等」を唱えた重光葵外相に焦点をあてる。

1　対支新政策とフィリピン、ビルマの「独立」

対支新政策の決定

日本は英米との開戦前の一九四〇（昭和一五）年三月、重慶に首都を移し交戦を続ける蔣介石の国民政府に対抗し、汪兆銘をトップとする新たな国民政府、いわゆる汪兆銘政権を南《ナン》京《キン》に樹立した。一一月三〇日には日華基本条約を締結し、汪兆銘政権を中国の正式な政府とし、不平等条約を破棄する一方、治安維持を名目に華北および蒙疆への日本軍駐留を認めさせた。また附属議定書で、中国領内での日本軍の戦争遂行の許可や資源開発への便宜を供与させた。

これは実質的に、日本軍が駐留し各分野で日本人が支配するものであった。当時、経済が悪化するなか、汪兆銘政権への中国民衆の支持は低く、政治的な基盤は脆弱だった。

英米との開戦後も、中国では蔣介石国民政府と日本とのあいだで戦闘が続いていた。そうしたなか、一九四二年一二月二一日、御前会議では新たな対中国政策を決定する。「大東亜戦争完遂の為の対支処理根本方針」（以下、対支処理根本方針）である。

汪兆銘

対支処理根本方針は、汪兆銘政権の連合国への参戦を「日支間局面打開の一大転機」としたが、それは汪兆銘政権の政治力強化をねらったものだった。

対支処理根本方針では「自発的活動」を促進させる、治外法権や租界を撤廃、経済で日本の独占を避け、中国の官民の責任と創意に任せるなどを列挙し、政治経済のあらゆる分野を汪兆銘政権に委ねようとした。日本が干渉を努めて避けるといった政策転換であり、「対支新政策」と呼ばれた。

一九四三年一月九日、汪兆銘政権は英米に宣戦布告し、日本とともに戦争を遂行するという「日華共同宣言」を発表した。同時に、日本の専管租界の返還、治外法権撤廃について話し合う協定が結ばれた。

重光葵駐華大使による主張

対支新政策を強く主張していたのは、重光葵駐華大使だった。

一九四二年一月に駐華大使に就いた重光は、「政治上、経済上の支那における指導を支那人に譲り、日本は一切支那の内政に干渉せず、しかして支那人の自主的建直し実現に援助を与える」という考えを持っていた。重光は中国を完全な独立国として取り扱う必要を感じていた。さらに、「戦争の進行につれ必要がなくなるときは、日本は完全に支那から撤兵して、一切の利権は支那に返還しよう」と考えていた(『昭和の動乱』)。

重光は、対支新政策を主張した理由を三つ挙げている。日中戦争での犠牲が多大となり日中親善の時期と意識するようになった、対英米戦により日本人が「東亜の解放」という使命を自覚してきた、内地に送る原料の調達に中国の自発的協力が必要になったからである(同前)。

また、重光は対支新政策が重慶の蔣介石国民政府との和平にもつながると考えていた。対支新政策は、政治経済のあらゆる分野を中国に委ねるものだったからだ。このことは「英米との間においても妥協の下地が出来る」と対英米和平にもつながると期待していた（同前）。

一九四二年一一月初旬、重光は日本に帰国し、政府や軍の首脳に対支新政策の採用を精力的に働きかけた。東条首相をはじめ、外務省や大東亜省幹部、軍首脳部、天皇とも会見した。この一一月に大東亜相に就いた青木一男《あおきかずお》は、それまで汪兆銘政権の最高経済顧問であり、重光の新政策に共鳴、谷正之《たにまさゆき》外相は政策に理解を示し、昭和天皇も対支新政策の決定と実施に強い関心を示した。こうした重光の説得を踏まえて、一一月下旬に大東亜相の青木が大本営政府連絡会議に発議して検討が始まり、先述したように一二月二一日に対支処理根本方針として決定する。

重光の主張する対支新政策が政府・軍中央に受け入れられた要因は二つある。

重光 葵

第一は、一九四二年後半からの戦局悪化である。連合国軍は一九四二年八月から南東太平洋方面で反攻を開始し、ソロモン群島ガダルカナル島の攻防戦で日本は多くの船舶を失った。輸送力の低下は蔣介石国民政府に対する大規模作戦を困難にしていた。裏を返せば、太平洋各方面での作戦実施には中国戦線の物資・兵力を振り向ける必要が出てきた。そのため汪兆銘政権の英米との参戦希望を認め、汪兆銘の政治的立場を強化し、対日協力をより促そうとしたのである。

第二は、一九四二年一〇月に英米が蔣介石国民政府に対して、中国内の治外法権撤廃の声明を出したことである。戦争終結後の治外法権撤廃をすでに英米は表明していたが、連合国内の世論や蔣介石国民政府の強い希望によって発表された。中国の民心掌握には、治外法権撤廃や不平等条約廃棄が有効と考えられていた。連合国と日本は競うように行ったのだ。

対支新政策については昭和天皇も支持し、天皇の支持から東条首相も積極的に対支新政策を推進する。作戦の全体的なバランスを取ろうとする参謀本部も支持した。他方で、陸軍省や海軍は中国にある権益を失うため消極的だった。そのため、対支処理根本方針は原則的な表現でまとまらざるを得なかった。このことは対支新政策をそれぞれの部署で都合よく解釈し、実施過程で対立が起こることを意味していた。

ビルマ、フィリピンの独立決定

中国への政策が転換した直後、東南アジアへの政策も動き出す。

一九四三年一月四日の大本営政府連絡会議で、東条首相はビルマ、フィリピン、インドネシアの独立について具体的な道筋を明らかにしたいと検討を求めた。それは東条首相が、年末年始の休会があける一月末の帝国議会での冒頭演説で述べたいと考えていたからだ。

前章でも述べたように、東条首相や陸軍中央は、ビルマやフィリピンについては日本の実質的な支配下に置きながらも独立させようと開戦当初から考えていた。だが、東南アジアを司る南方軍が反対し、東南アジアの占領地には軍政が施行されていた。東条首相や陸軍中央は、南方軍の独立反対派の異動や協議を重ね、一九四二年秋には独立で意思を統一した。

東南アジアへの政策変更が、対支新政策決定直後に政府・軍中央で急浮上したのは、やはり戦局悪化からだった。

陸軍内では、独立の時期を連合国軍の本格的反攻前にすることで一致した。連合国軍の反攻に備えるためには、圏内諸民族の戦争協力が必要だった。独立は民心掌握を促すと考えられていた。大東亜省も、フィリピンの独立を認める声明が、フィリピン人の自発的協力には最も有効な手段と考えていた。

東条首相が帝国議会で宣言することは、大きな宣伝効果が見込める。そのため演説前の一月中に東南アジアの独立問題の検討が一挙に進展する。

一九四三年一月一四日、大本営政府連絡会議は「占領地帰属腹案」を決定する。これにより、ビルマとフィリピンの独立が決まった。この案では、独立の条件として両国には軍事的に共同防衛を約束させる、日本軍の駐屯と軍事基地使用を認めさせ、外交・経済では緊密な提携や協力をさせることが明記された。日本の強力な指導下に置く独立だった。

蘭印についても事務レベルで協議したが、陸軍内で意見が一致できず大本営政府連絡会議への提案は見送られた。ビルマとフィリピンに認めたのは、植民地下でも、ビルマは「準自治領的地位」であり自治能力があると考えられ、フィリピンは一九四六年に独立が認められることになっていたからだ。

ビルマ独立は、インド民衆の反英独立運動を刺激しイギリスを弱体化させる効果があるとし、まずビルマが先行する。占領地帰属腹案を協議した同じ会議で「大東亜戦争完遂のためのビルマ独立施策に関する件」も決定し、一九四三年八月一日までの独立が決まる。そこでは、独立後は対英米戦争への協力を徹底させるため、戦争必需物資の供出、治安維持の強化、交通の円滑化などを実行させるとした。一方、フィリピンはフィリピン人が日本への協力の実績を積めば、速やかに独立させるとして時期は決めなかった。

一月二八日、帝国議会の演説で東条首相は、ビルマとフィリピンについての決定を明らかにし、東南アジアは独立の方向に向かっていると内外にアピールした。

温度差

日本の新しい政策は、中国には対支新政策に沿ってなるべく干渉を避け自主的活動をさせ、東南アジアには日本の強力な指導下で独立を一部の地域で認めるという、二つの異なる対応だった。しかし、政府・陸海軍中央・現地軍など、それぞれ考えに違いがあり、実施段階で対立し調整が必要になる。対支新政策でも独立でも、現地の自主性を重視するか、日本の指導を維持するかが大きな問題になった。

中国では、陸軍の各現地派遣軍が掌握していた権限の多くを大東亜省に委譲する。各派遣軍の代表は難しいと訴えたが、参謀本部は中国に駐留する兵力の他地域への転用を可能にするとして委譲に積極的に協力し、支那派遣軍の任務から「治安の維持」を削除し「作戦及警備」に限定する。この方針で、中国の各派遣軍の機構改革や大東亜省などの業務は大きく変わり、汪兆銘政権の自主活動を側面から支援する体制に移行した。とはいえ、各地の治安状況は一様ではなく、汪兆銘政権の行政能力が浸透していない場所は、支那派遣軍が介入できる余地を残していた。

この対支新政策に最も消極的だったのは海軍だった。海軍は、対支新政策に限らず自主性付与そのものに消極的な姿勢を取っていく。それは、海軍がこの戦争を日本の「自存自衛」のための戦争と捉え、占領地域への自主性の付与が資源の獲得を困難にして作戦を阻害し、戦争遂行の妨げになると考えていたからだった。

ビルマ独立については、二月上旬から「ビルマ独立指導要綱」の検討が政府・軍で始まった。ここでは独立後の大使のあり方が対立を生む。大きな対立点は、専任の大使を置くか、軍司令官が兼任するかだった。外務省は文官大使の派遣を主張し、現地軍は軍司令官兼任を求めた。陸軍内でも大使への命令・指示を参謀本部が行うのか、陸相が行うかで対立していた。海軍の岡敬純《おかたかずみ》軍務局長は、会議で大使を置かないですむ方法はないかと発言し、独立自体に消極的だった。

結局、専任大使の派遣と決まるが、軍事や軍政で処理する案件は軍司令官が担当し、それ以外を大使が扱うことになった。外務省は大使に権限を与え、ビルマ独立を自立的なものにしようとしたが、参謀本部はビルマが連合国軍との前線であり、現地軍が行動しやすいことを優先し日本の実質的な支配に重点を置いた。

三月一〇日に大本営政府連絡会議で「ビルマ独立指導要綱」が決定した。専任の特命全権大使を派遣し駐在させることになったが、当分の間、日本側の業務の実施では、軍事上の要請を考慮することになり、別に定めた申し合わせでは、大使の業務は日本の商業や在留日本人、文化事業などや外交に限定された。

政府・軍のなかでは、独立でも対支新政策のように相手に委ねるのか、日本が把握する内容を増やすのか、対応に温度差があったのだ。

2　大東亜新政策への転換——重光葵の意図

重光葵外相の就任

一九四三年四月二〇日、東条首相は内閣を改造して、駐華大使だった重光を外相に据え、谷正之外相を駐華大使に任命した。対支新政策の打ち合わせのために帰国していた重光を帰任前に入閣させるため、急遽《きゅうきょ》、東条は改造を実行する。

重光の外相就任への説得に東条は、対支新政策と外交一般について昭和天皇の心配を挙げた。重光は対支新政策について、「日本の力の及ぶ限りの地域に及ぼすことがさらに重要で、対支新政策は大東亜新政策となるべき」とし、外相就任を受諾した（『昭和の動乱』）。

重光の戦時外交とその展開については豊富な研究がある。それらに依拠しつつ大東亜共栄圏構想について、その基礎だった階層秩序と経済自給圏の観点から見ていこう。

重光は駐華大使在任時に意見書をいくつか谷外相に提出していた。そのなかで重光は、中国から不平等条約に見える日華基本条約の全面改訂を求めていた。新たな条文では軍事・政治・経済上の協力義務を簡明に規定し「相互の立場を尊重」した「平等対等の同盟条約」、つまりは日華同盟条約の締結である。重光は、既存の軍事上の必要事項はそれで継続可能とし、秘密協定での対応も可能と記していた。

重光は、日華同盟条約の趣旨を、アジア各国との関係にも反映させようと考えていた。この構想は、重光が外相就任直前の一九四三年四月一八日に執筆した「日華同盟条約案・大東亜憲章」という、以下の文書に示されている。

条約締結に関する注意

〔前略〕

三、本条約は日華間に交渉をまとめ、調印前、満州国およびタイ国に内示し、調印後、満州国およびタイ国と同時に条約を締結す

なお、将来成立すべきビルマおよび比国〔フィリピン〕とも同様の条約を締結し、ここに大東亜地域における国際機構を建設することとすべし

（「日華同盟条約案・大東亜憲章」）

さらに重光は、ここで各国を結びつける目的を明示し、協力のために協議機関を設立することを構想し、「対等」で「共同」した国際的関係をつくるための注意点も述べている。

条約締結の趣旨

〔前略〕

四、本条約は大東亜機構建設憲章の実体をなすものにして、共栄圏内各国（日、満、華、泰、ビルマおよび比国）が一つの共同機構を作り、定時もしくは随時に東京またはその他の地に於いて会同し、戦争遂行上および今日より平和時における共力《ママ》について協議する組織を成立せしめんとするものなり

五、したがって本条約は平等衡平の建前を堅持し、帝国の大東亜共栄圏の指導者たることは事実問題として、いやしくも表面に現わさざること得策なりとす

六、従来の用語中たとえば道義に基づく新秩序の建設または、、、、をして各々その所をいいいいを得せしむる云々《うんぬん》のごとき、相手方に疑念を起こさしむる字句および感念《ママ》は、これを排するを得策とせり

（同前文書）

このように五と六で、戦争指導者が大東亜建設審議会の答申をはじめさまざまな決定や声明で用いてきた、日本の階層秩序に基づく国際関係の表現を表に出さないことを主張している。重光は、日本が大東亜共栄圏の指導者であるとしたものの、階層秩序を示す用語は相手に疑念を起こさせるとし、国際的な条約や宣言では使わないことを求めていた。さらに、六

月に重光が記した方針のなかには戦争終結後の日本軍の撤兵もあった。

重光はこうした外交姿勢を「大東亜新政策」と呼んだが、この時期の秩序構想のなかでは、最も相手側の自主性や自立性を尊重したものだった。だが、重光の大東亜新政策は他の政府機関や軍と対立を生むことになる。

戦争目的の重視

では、なぜ重光は大東亜新政策を打ち出したのだろうか。先の文書の「条約締結の趣旨」では、そのねらいを次のように記している。

一、本条約はわが公正なる戦争目的の表示により大東亜諸国の自発的協力および結合を計るを目的とし

二、戦後の抱負を宣明し、敵側の策動を完封し、あわせて敵の武器を奪うを、われにおいてこれを利用せんとするものなり

（同前文書）

この時期、重光は戦争目的を明示することが重要だと考えていた。その具体的な戦争目的とは、「大東亜地域における各国と協力してこれら諸国の独立および自主的発展」を図り、

「大東亜における恒久的平和を樹立し共同の建設を実現する」ことだった（同前文書）。重光の回想によれば、それは「東亜の解放、アジアの復興であって、東亜民族が植民地的地位を脱して各国平等の地位にたつこと」だった。それは「世界平和の基礎」であるとも記している（『昭和の動乱』）。

重光が戦争目的を重視したのは、連合国側が戦争目的として掲げた「大西洋憲章」への対抗のためだった。大西洋憲章とは、チャーチルとルーズベルトの英米両首脳が、一九四一年八月に大西洋上で会談し、領土不拡大・民族自決・自由な貿易・公海の自由・恒久的な安全保障制度の確立などの原則を戦後世界の構想として宣言したものである。その後、一九四二年一月に、枢軸国と交戦中の二六ヵ国の調印を経て、連合国の戦争目的を表明する連合国共同宣言へと発展していた。

重光は、アジアだけでなく、独ソ戦、地中海と北アフリカでの戦線など世界規模での戦局を分析し、連合国側の動向も踏まえて、枢軸国と連合国の戦略を照合し考察していた。一九四三年に入ると、ドイツ軍がスターリングラードでソ連に大敗し、日本も米軍の前にガダルカナル島から撤退し、枢軸国の守勢が明らかになってきた。枢軸国の劣勢は、五月の北アフリカ戦線での独伊軍の降伏、七月の連合国軍のシチリア島上陸、九月にはイタリアが連合国に降伏するなど一段と進んでいた。

重光は、二月の段階で、英米が日独伊を個別に包囲する態勢を整え、枢軸側は行き詰まっていると判断していた。五月の意見書では、「戦時外交は軍事と表裏一体のものであり、また軍事と同様の重要性を戦争指導上に持つ」とし、「対外宣伝も戦時外交の重要なる一部分」なので、その統制を図って戦争遂行に役立てるべきと考えていた。つまり、外交工作で枢軸国側の軍事的劣勢を挽回《ばんかい》しようとしていた（『重光葵・外交意見書集』第二巻）。

重光は「英米の宣伝する自由愛好の立場をわれに奪いとって彼らの宣伝を粉砕し、逆にこれをわれの武器として使用することが有利である」とも述べている。重光は大東亜新政策の目的・目標を、大西洋憲章が掲げる戦後世界の理念と目標と同じにすることで、侵略国との連合国側からの非難を払拭《ふっしょく》しようとした。さらに、大東亜新政策が目標とした自発的な東亜の結合が実現できた場合には、「戦時においては英米に対する最大の武器となり、戦後においては帝国発展の最大の基礎となる」と考えた。重光にとって大東亜新政策は戦争を勝ち抜く手段の一つだった（同前）。

東条英機の対応

では、重光を外相に据えた東条首相は大東亜新政策について、どのような考えを持ち、実際にはどのように対応したのだろうか。重光は回想で次のように述べている。

東条首相が、どこまで徹底して、新政策の意味を体得していたかは疑問であるが、彼が新政策の実行を指導したのは、主としてこれが天皇の意思に副《そ》うものと思ったからである。とともに、彼の新政策に対する理解は、軍の首脳部および軍人政治家として現れた人々の他の何人《なんぴと》に比較しても、最も深いものであって、彼が少くとも戦争目的を公明正大なところに置こうと努力したことは、大東亜会議その他の場合における彼の言動に見て明らかである。（『昭和の動乱』）

対支新政策は昭和天皇の望むものだった。一九四三年五月一三日に重光は、昭和天皇に外交状況や政策を上奏した。このとき昭和天皇は、大東亜新政策について「深く首肯《しゅこう》あらせられ」、中国問題での新政策の徹底遂行と、後戻りさせてはならないと繰り返し述べたという（『重光葵手記』）。

天皇への忠誠心が人一倍強かった東条は、その意思をなるべく実現しようと考えていたことは間違いない。その後も重光の推進する大東亜新政策を支援した。しかし、東条は前年に大東亜省の設置を決定した閣議では、「大東亜地域に肇《ちょう》国《こく》の大理想を顕現《けんげん》し、道義に立脚する新秩序を樹立」するためには、「大東亜地域の諸外国に関する関係は他人行儀のものでなく」と述べたように、家父長的な階層的国際秩序の考えを持っていた（『大東亜省設置関係一件　第一巻』）。また、大東亜省の設置を審査した枢密院での東条の発言を、枢密顧問官だった深井英五《ふかいえいご》は「東条総理大臣は大東亜地域の諸国を従属的に取扱うの底意をここに暴露したり」と記している（『枢密院重要議事覚書』）。

東条は、昭和天皇の意思によって、考えを変えたのだろうか。

東条は、重光が昭和天皇へ大東亜新政策について上奏して以降、一九四三年七月二三日の重臣との懇談会で岡田啓介《おかだけいすけ》海軍大将に、「大東亜諸国家は外国に非《あら》ずとの観方《みかた》は同感なり〔中略〕大東亜省の設置も外国に非ずとの観念に立脚す〔中略〕弱小国に対しては、取り扱いの形においては、対等なるを要す」と述べている（『東条内閣総理大臣機密記録』）。

だが、七月二九日にビルマの独立を控えて、同盟条約の諮詢のために出席した枢密院会議で、東条は次のように述べている。

「ビルマ」国は子供というよりはむしろ嬰児《みどりご》なり、一から十までわが方の指導の下にあり、それにもかかわらず本条約が形式上対等となりおるは、「ビルマ」国を抱き込む手なり。軍事上の便宜供与、敵産の処理交通通信等につき、必要なる事項はあらかじめ諒解せしめあり、しかれども表向はどこまでも対等とし自尊心を傷つけざるよう計らいた

るものなり

（『大東亜諸条約締結経緯関係一件』）

東条の発言からは、大東亜地域の諸民族を「嬰児」というように家族主義的な観点から捉えていたことがわかる。東条は家父長的な階層秩序を志向し、独立は「東亜の解放」の成果と本心では考えていない。小国であっても、形式上は対等の立場をとったのは、自尊心を持たせて抱き込み、日本に協力させる外交上の方策にすぎなかった。

このように、表面上では対等を謳いながら内心は違ったが、東条は重光の大東亜新政策の考えに最も近く、重光の政策を強く支持し支援した。意図はともかく行動の結果として、重光は東条を高く評価していた。しかし、重光と東条の本心のズレにより、のちに大東亜新政策が政府・軍中央で反対に遭ったときに、貫徹を難しくすることになる。

「大東亜政略指導大綱」の決定——協力を求めるために

東条はビルマとフィリピンの独立の実行を急がせた。ビルマ独立指導要綱は一九四三年三月一〇日に決定し、訪日したビルマの独立運動家バモウに独立とその形態などが伝えられ、五月にビルマ独立準備委員会が発足した。

五月にフィリピンを訪問した東条は、帰国後、一一月までの期間にとるべき対外方策大綱を自ら提示して、陸海軍軍務局長や内閣書記官長らに速やかに検討するよう命じた。これが後述する御前会議決定の「大東亜政略指導大綱」につながる。

この時期に検討を始めたのは、一九四三年秋に予想された連合国の本格的な反攻に備えて、アジアの諸民族の自発的協力をさらに引き出すためだった、同時期に、前章で取り上げた南方甲地域経済対策要綱を決定して、それまでの経済政策を転換している。政略と経済施策の両面で方針を明確にし、アジアの人びとの気持ちをつかみ、戦争にいっそう協力させようとしていた。

五月三一日の御前会議で決定した「大東亜政略指導大綱」は、次の四つの重要な内容を定めている。

第一に、対支新政策をさらに進めて、重光が主張した汪兆銘政権と日華同盟条約を結び、汪兆銘政権に機をみて蔣介石国民政府との和平交渉を行わせる。

第二に、フィリピン独立の時期を早め、一〇月頃とする。

第三に、マラヤ、スマトラ、ジャワ、ボルネオ、セレベスといったマレー半島やインドネシアの地域を「帝国領土」とし、当分は軍政を継続し資源の供給地として開発、住民の民度に応じ政治に参与させる。ただし、こうした方針は発表しない。

第四に、フィリピンの独立後に、各国の指導者を東京に集め大東亜会議を開催し戦争完遂の決意と大東亜共栄圏の確立を宣言する。

これらの決定は、政府・軍中央内での妥協の産物であり、重光による大東亜新政策は部分的に取り入れられたにすぎなかった。

大東亜新政策をめぐる政府内対立

この大東亜政略指導大綱を審議した大本営政府連絡会議は、なかなかまとまらず二回に及んだが、問題は以下の点だった。

一つ目の問題は、汪兆銘政権を通した蔣介石国民政府への和平工作についてだった。蔵相、大東亜相、海軍が反対していた。だが、東条の強い要望で決定したようだ。ただし、東条自身も見通しはたっておらず、和平工作ではなく「政治工作」という文言になった。とはいえ、アジア・太平洋戦争開戦後初めて、汪兆銘政権による蔣介石国民政府への政治工作が認められ、和平が展望されるようになった。

二つ目の問題は、フィリピン独立の時期だった。海軍はフィリピンの親米エリートが対日協力政府を構成することに不満で、時期尚早と主張した。東条は反論し、杉山元《すぎやまはじめ》参謀総長も独立を早めることで治安がよくなると主張し、原案の時期を変更しないことになった。

三つ目の問題は、大東亜会議開催だった。海軍と大東亜省は、会議開催が戦争の主導性堅持につながるのかと疑問を呈した。これには重光が、あくまで独立国だけを招集する場として、独立をさせない民族の代表者による会議は、別に考えると提案し了解を得た。

重光が独立国のみの会議を提案したのには、別の意図もあった。重光は、会議で「大東亜会議の際宣言などでなく大東亜同盟を結成してはどうか」とも発言している（『杉山メモ（下）』）。満州国、中国、フィリピン、ビルマと形式上、平等・対等の同盟条約を提案したようである。さらに、重光はこれら独立国での日本軍の駐留や軍事行動は制限なく取り得るが、戦争終結後は日本軍の駐留、武力的威圧を感じさせる条項を要求しないことも主張したようだ。

重光は大東亜新政策の実現をめざしていた。これらの提案は単に大東亜共栄圏の各国を結集するだけではなく、「世界政策上敵に鋭利なる武器なり」と、対敵宣伝方策だとしていた（『重光葵手記』）。

しかし、会議で参謀次長の秦彦三郎《はたひこさぶろう》が、ビルマやフィリピンを中国、満州と対等に扱うことは中国と満州国が満足しない、同盟は日本と個々に結ぶべきと発言し、出席者一同はこの次長の意見に同意し重光の提案は通らなかった。

大東亜政略指導大綱の審議過程では、重光が主張していた大東亜新政策をめぐって政府内対立の構図が明確となった。東条は推進の立場を取り、海軍や大東亜省は消極的だった。陸軍は、諸民族の戦争協力の観点から一定程度、重光の考えを受け入れつつも、重光が連合国への宣伝工作になると考えた圏内序列の大きな変更には賛成しなかった。以後、この構図は大東亜会議まで続く。

大東亜政略指導大綱で、マラヤやインドネシアの地域など東南アジアの人口の六割以上を占める地域を帝国領土としたことは、大東亜共栄圏の形成は、日本指導下での独立と、日本による強力な支配の両方を備えたものだったことを示している。重光が進めた大東亜新政策もまた、それを否定するものではなかった。

大東亜宣言とその反響

一九四三年六月一六日に開催された第八二帝国議会の衆議院本会議で、東条首相は大東亜政略指導大綱の内容を踏まえた施政方針演説を行った。フィリピン独立の時期を年内と明らかにする一方、「帝国領土」とした諸地域については言及せず、それぞれの民度に応じて、年内に政治参与ができる措置をとると述べた。なかでもジャワについてはできるかぎり速やかに実現すると特別な配慮を示した。

東条の演説は、当時の新聞などで「大東亜宣言」と呼ばれた。日本の大東亜新政策は連合国や中立国への宣伝の役割も持っていたため、ジャワでの政治参与を例に、帝国領土に決めた地域も、原住民の念願によって独立につながっていくように表現された。

重光は予算委員会での大東亜宣言の説明で、各国に完全な独立や広範な政治参与を付与し、平等互恵のうえに善隣の協力関係を樹立する趣旨と話し、「平等」「互恵」ということばを用いて重光の理念を示そうとした。

外務省は、この宣言の宣伝を図るために同盟通信社を通して各国に配信し、その効果を見極めるために各国の在外公館からその地域での反響を収集している。中立国のスウェーデンや同盟国のルーマニアは日本の望んだ反応だったが、連合国のメディアには当然のことだが批判のコメントが掲載されていた。アメリカでは、ハル国務長官が日本の意図は「奴隷化」であると発言したと報道されていた。

他方で、大東亜宣言は、帝国日本の支配領域内では衝撃をもって迎えられた。

在満州国大使館から、在満朝鮮人の「南方未開の原住民に独立を与える以上当然我らにも同様の栄誉を与えよ」といった怨嗟《えんさ》の反響が届けられた（『帝国議会関係雑件／議会ニ於ケル総理、外務大臣ノ演説関係』第九巻）。南方地域の独立は、帝国日本の構造を揺るがすものでもあった。

南方地域の独立が朝鮮に影響を及ぼすことは、政府・軍内でも想定はしていた。一九四三年一月の大本営政府連絡会議では、ビルマ独立にあたって、日本の勢力下にある他の民族の独立運動を刺激することを考慮すべきであるとの説明があった。そのうえで、朝鮮には「内鮮《ないせん》一如《いちにょ》皇民化の原則」で臨んでいて、朝鮮は皇民化によって同化を強めることで、大日本帝国内には「植民地」や「民族」の問題が存在しないとの立場を徹底する方針だった。戦時下の朝鮮・台湾の同化主義の徹底は、大東亜共栄圏の階層秩序の形成と関連していた。

日本の支配下にあった中国の北京や南京では、日本の善意に感謝して大東亜戦争完遂に邁進するという社説や、汪兆銘の名で日本の友誼《ゆうぎ》に感謝し両国共栄の実現と大東亜戦争完遂に邁進するとの談話が発表され、感謝や期待の記事が報告されていた。

日本占領下の中国は、物価の高騰など経済的な逼迫の解決が切実な願いだった。華中では汪兆銘政権の中央銀行である中央儲備《ちょび》銀行の儲備券が、華北では中国連合銀行の連銀券が流通していたが、蔣介石国民政府が発行した法幣と比べて信用がなく価値を維持することができなかった。さらに軍票《ぐんぴょう》の乱発、連銀券増発、激しい物不足などにより、英米との戦争開始以後、インフレが激化していた。特に華北地方では、一九四二年の凶作もあり年末から翌年の春にかけて食糧価格の大暴騰が起きていた。

日本は対支新政策を適用し経済面でも、中国側機関への権限移譲を行っていた。一九四三年三月に全国商業統制総会が設立され、汪兆銘政権が物資統制を一元的に管轄する。さらに軍票の新規発行の停止も行い、物価の抑制を図ろうした。だが、一九四四年以降、インフレは破局的に進行する。

アジア各地域を日本が占領して、物資の獲得と供給など経済を事実上握り、物資不足と物価高騰が進行していた。そのなかで、「自主独立」「平等」「互恵」ということばを、アジアの人びとは実感をもって感じただろうか。戦局が悪化し、経済的自給圏の運営がうまくいかないなか、重光の唱える大東亜新政策は、連合国には苦し紛れの宣伝としか受け止められず、アジアの人びとにも浸透しなかった。

大東亜新政策をめぐる綱引き

こうした状況でも、重光は大東亜新政策の実現を図ろうとしていた。大東亜政略指導大綱では、タイのピブーン政権と親日勢力にタイ国内での威信を保持させるために、タイの失地回復を支援することが定められた。重光はこれだけでなく、アジア・太平洋戦争開戦直後に締結した日泰同盟条約によって駐留する日本軍の戦後の撤兵確約や、大東亜各国との協議機構創設を盛り込んだ新たな同盟条約案を作成した。

しかし、この条約案は、意見を求められた坪上貞二《つぼかみていじ》駐タイ大使がタイの国内情勢から難色を示し、陸海軍が戦後の撤兵や国際協議機構の設立に反対し、採用されなかった。結局、マラヤ四州をタイの領土に編入する条約だけが決定した。

東条首相は、一九四三年六月三〇日から七月一二日まで、東南アジア各地を歴訪した。七月三日にタイ、五日にシンガポール、七日にスマトラ、ジャワ、一〇日にフィリピンを訪問した。

東条英機首相の南方歴訪（1943年6～7月）　同盟国タイ，占領下のスマトラ，ジャワ，フィリピンを回り，東亜新政策をアピール．日本の首相初の東南アジア訪問となった．写真はジャワでの学校視察

タイではピブーン首相と会談、シンガポールではインド独立運動で有名なスバス・チャンドラ・ボースと面会し、インド臨時政府樹立を表明した。また、マニラではフィリピン独立準備委員会のメンバーと会談した。初の日本の首相による東南アジア歴訪は、議会演説で唱えた「大東亜の解放」を体現し、大東亜新政策を内外にアピールする機会だった。

他方で、重光はビルマ独立にあたって締結する同盟条約に、再び自らの構想を盛り込もうとしていた。原案作成段階で、外務省は戦争終結後の日本軍撤兵と大東亜各国との協議機構創設を文案に入れようとしたが、陸海軍をはじめ関係各省部の事務担当者がことごとく反対した。

しかし、七月一九日の大本営政府連絡会議で重光は、第二条に「必要ある場合は両国政府代表者は大東亜の関係国政府代表と共に所要の協議をおこなうべし」と同趣旨の内容を盛り込んだ。これに対して、嶋田繁太郎《しまだしげたろう》海相は国際連盟的思想を含み適当でないと強く主張、参加者一同も削除に賛成したため、重光も折れて削除した。その代わりに「共同の建設につき相互に緊密に協力すべし」と「相互」という用語を入れる（『杉山メモ（下）』）。

また、第二条の前半には、大東亜各国の互恵を趣旨とする、という文が入っていたが、大本営政府連絡会議では「互恵」に異議が唱えられ、共存共栄にすべきとの意見が出た。これに対し重光は「共存共栄なる語は政治的意味少なし、互恵は弱小民族の気持にぴったりはまりてよし」と反論した。

ただ、「互恵」は従来の条約上で使用した慣例がなく、条約を審査する枢密院との関係から共存共栄がよいとの意見があり、杉山元参謀総長も賛同した。重光は、自分の意見が容れられないなら、辞職するとまで述べたが、東条首相が互恵か共存共栄か条約局で十分に研究させるとし、その場を収めた。だが結局、重光が主張した「互恵」が盛り込まれることはなかった。

この大本営政府連絡会議をもって、大東亜各国による協議機関を創設するという構想は挫折した。重光はその後、国際機構構想は主張しなくなるが、自主独立・平等互恵の関係を基本とする大東亜新政策の内容を条約に反映させようとし続けた。

中国との条約改訂では、政府内での議論の焦点は、日華基本条約の改訂か、同盟条約とするかだった。後者の場合、汪兆銘政権を対等の立場から政治力強化を図るものだった。事務レベルでは、改訂でまとまったが、重光が強く反対し同盟条約となる。

重光の意図は、汪兆銘政権と対等の立場を示し、戦争終結後の撤兵を明記することで、蔣介石国民政府に日本の態度を示せば、いずれ和平が実現すると考えていた。しかし、これに対して大東亜省が同盟条約でも和平に効果がないと反対し、対立は大本営政府連絡会議に持ち込まれた。

九月一八日と二〇日の会議で、鈴木貞一《すずきていいち》企画院総裁と青木一男大東亜相は同盟条約に反対したが、結局、当面はどちらにしても、蔣介石は動かないと同盟条約案が採用された。

この条約には、第一条で「その主権および領土を尊重し」、第二条で「大東亜の建設および安定確保のため相互に緊密に協力し」、第三条で「互恵」を基調とする「緊密なる経済提携」が記された。さらに附属議定書には、平和が回復して戦争状態が終了した暁には、中国からの日本軍撤退が記されていた。

このように日華同盟条約には、重光が主張してきた「互恵」や戦争終結後の撤兵が初めて記された。また、他の地域の条約と比較して、戦時と平時の区別が条約にはなかった。中国に対してだけ、これらの内容を盛り込んだのは、参謀本部や大東亜省などが、蔣介石国民政府に対して和平へと誘引する効果があると考え合意したからだ。ただし、重光・外務省と他の省部との考え方の違いは依然として存在していた。日華同盟条約は一九四三年一〇月三〇日に調印される。

3 大東亜会議開催——アジア各地首脳の面従腹背

大東亜共同宣言の原案作成

一九四三年九月三〇日に御前会議が開催された。この御前会議で「今後採るべき戦争指導の大綱」が決定され、いわゆる絶対国防圏が設定される。質疑応答で原嘉道《はらよしみち》枢密院議長が、航空機四万機あれば絶対国防圏を確保する自信があるかと質問すると、永野修身《ながのおさみ》軍令部総長が今後の作戦の見通しで海軍には自信がないと悲観的に述べて、議場がにわかに緊張した。

戦局は明らかに悪化していた。重光は御前会議の説明で、対敵宣伝の強化を主張する。限られた方法のなかで、その有効性を主張したかったからだろう。重光は次のように述べていた。

わが大東亜政策を徹底し、この政策を支那を中心として強力に推進すればするほど、しかしてまた宣伝においてこれを高調すればするほど、わが正当なる戦争目的は鮮明となりまして、これに依って敵の戦争名目は薄弱となり、ひいてはその戦意喪失、支那と米英との背反、インド民衆に対する影響より、その独立気運の醸成等に資することを期している次第でありまして、大東亜政策の宣伝は敵に対する外交大攻勢となるものと信ずるのであります。

（『杉山メモ（下）』）

重光は、一一月五日から二日間、東京で開催されることになった大東亜会議とその場での宣言で、軍事と表裏一体と考える「外交大攻勢」を実行しようとする。

大東亜共同宣言は、一九四三年八月に外務省内に設置された「戦争目的研究会」で九月末まで検討された。この研究会は、山川端夫《やまかわただお》外務省顧問を会長に、主要部局の局長などで構成されていた。宣言の実質的な審議は、安東義良《あんどうよしろう》条約局長を幹事長に、課長級のメンバーによる幹事会で行われた。

ここでは、大東亜共栄圏の政治体制と経済体制の基本原則を確立し、それを大東亜共同宣言の構想につなげる作業を行った。大東亜諸国が政治的同一歩調を取り経済的に提携し、軍事的に共同防衛するためには、日本の指導が必要なのは当然とする一方、それは実力の問題であり、日本が指導権を主張しなくても教導ができるとの考えだった。相互に主権と自主独立を尊重する建前を取るためには、ふさわしいものだった。

また、大東亜建設に共同して参画することは、自国の行動が制限を受けることになるが、それは共同目的への各国の協力と理解されるため自主独立とは矛盾しないとの結論を見る。この結果、「共同」「協力」「提携」には、日本による「指導」の意味が含まれていると解釈されることになった。

最も困難だったのは、大東亜新政策を進めるうえで経済自給圏構想との調整だった。自主自立と統制経済をどう結びつけるのか。結果として以下の考えで一致する。

> 民生の安定についても十分の考慮を払い、かつ大東亜諸国の有する経済的自主独立、最低限の要求はこれを満足せしめざるべからず。例えば、各国ともども国内にある程度の軽工業、雑工業を認めその民生の希望を満足せしめつつも大東亜全体としては調和ある経済体制を確立すること必要なり。換言すれば諸国を植民地化することは不可なり。ただし世界経済に対するため単一体としての大東亜経済が計画性を有することは当然にして大綱的に指導国日本の統制を必要とす
>
> （外務省条約局『昭和十八年度執務報告』）

つまり、統制経済といわず計画経済、統制は大綱や目標と呼び、運用の細かな点は各国の自発性に委ねるということだった。

計画経済や総合的協力を必要とする経済的分野には、重要国防資源および民生根幹物資の生産・配分などが挙げられた。圏域経済をつくるためには、共同目的の分野では統制が必要だが、それ以外は各国で自主的に圏外経済との交流を行うという考えだった。ここでは広域圏経済を維持しつつ、なるべく指導国の統制の色合いを消そうという方針だったが、大東亜新政策と経済自給圏を両立させるための苦肉の策だった。

こうして一〇月四日に、外務省で戦争目的研究会案が完成した。文案は五条からなり、その内容は以下のようなものだった。

大東亜全体の共存共栄と安定を確保できる秩序を共同して建設する、相互に自主独立及び領土を尊重するとともに善隣友好互助協力の関係を確立する、外部よりの脅威と侵略に対して共同して防衛する、経済上相互に緊密に提携協力するとともに世界に資源を開放し交易を増進する、相互に各民族文化の特質を尊重して世界の発展に寄与する。日本の指導を含むと考えられた「共同」「互助協力」「提携」という表現により、大東亜共栄圏構想と大東亜新政策の調整を図ったのだ（*Japan Ministry of Foreign Affairs,1868–1945*: WT Series, Reel 52)。

重光はさらに二度にわたって修正を加えた。なるべく日本の指導を含むと解釈された用語を使わずに、圏内各国の独立と平等を尊重しようとした修正だった。また、圏外への資源開放をより明確にし、経済自給圏の性格を薄める表現に改変した（同前）。

重光は、意見書「伊太利政変と世界大戦（第二篇）」（一九四三年八月一五日）で資源の開放について、次のように述べている。

資源に付いてはよろしく開放主義をとるべきであり、貿易に付いてはむしろ自由（互恵）主義をとるべきである。開放自主の主義は世界平和の基礎としての世界経済組織に於いて特に必要なもので、わが戦争目的の発表に当たりては特にこの点に留意を要す。

（『重光葵・外交意見集』第二巻）

重光は、英米の大西洋憲章に大東亜共同宣言を対置させるため、世界に資源の開放を明確にする必要があると考えた。さらには、英米の戦後世界の理念・目標と、日本の戦争目的を対峙させることを優先した。重光は、大東亜共同宣言が大東亜共栄圏構想にある階層秩序や経済自給圏の枠組みから逸脱することを厭《いと》わなかった。

宣言文をめぐる攻防と確定

この外務省の最終案である重光の大東亜共同宣言案も、大東亜省で進められていた大東亜共同宣言案との調整が必要だった。調整の結果、外務省案が本文に多くが採用されたが、陸軍の強い要望によって、英米の大東亜への侵略搾取の非難、大東亜戦争完遂について、前文に付け加えられた。

この案は一〇月二一日に大本営政府連絡会議にかけられた。詳しい審議はわからないが、「議論百出」して事務当局の折衝に戻される。ここで注目したいのは、重光が「大東亜の『ブロック』的排他的感情を露骨に出さないこと」と発言したことである（『杉山メモ（下）』）。

事務当局の折衝では、海軍はブロック経済つまり経済自給圏に固執し、「進んで資源を開放し」という部分に強く反対し、「広く資源の相通を図り」を提案、大蔵省も賛成したが、これには外務省・大東亜省・陸軍が反対した。一〇月二三日に再度、大本営政府連絡会議が開かれて宣言案を審議し、結局、重光による「進んで資源を開放し」がそのまま採用され、以下の宣言が確定する（同前）。

大東亜共同宣言

前文

抑《そもそ》も世界各国が各々其《そ》の所を得、相倚《あいよ》り相扶《あいたす》けて万邦共栄の楽を偕《とも》にするは世界平和確立の根本要義なり。然《しか》るに米英は自国の繁栄の為には他国他民族を抑圧し特に大東亜に対しては飽《あ》くなき侵略搾取を行い、大東亜隷属化の野望を逞《たくま》しうし遂《つい》には大東亜の安定を根底より覆さんとせり、大東亜戦争の原因茲《ここ》に存す。大東亜各国は相提携して大東亜戦争を完遂し、大東亜を米英の桎梏《しっこく》より解放して其の自存自衛を全《まっと》うし、左の綱領に基き大東亜を建設し、以《もっ》て世界平和の確立に寄与せんことを期す

本文

一、大東亜各国は共同して大東亜の安定を確保し道義に基く共存共栄の秩序を建設す

一、大東亜各国は相互に自主独立を尊重し互助敦睦《とんぼく》の実を挙げて大東亜の親和を確立す

一、大東亜各国は相互に其の伝統を尊重し各民族の創造性を伸暢《しんちょう》し大東亜の文化を昂揚す

一、大東亜各国は互恵の下緊密に提携し其の経済発展を図り大東亜の繁栄を増進す

一、大東亜各国は万邦との厚誼《こうぎ》を篤《あつ》くし人種的差別を撤廃し普《ひろ》く文化を交流し進んで資源を開放し以て世界の進運に貢献す

これまで見てきたように、大東亜共同宣言は政府・軍の諸機関による妥協の産物だった。

重光は、外務省が日本の指導を含むと解釈した「共同」や「緊密に提携」という用語を削除したが、結果として第一項と第四項に復活している。大東亜共栄圏での日本の指導性を含むことばをすべて排除することは、宣伝工作の側面が強い宣言ですら貫徹できなかった。

また、本文の内容と嚙《か》み合わない趣旨の「前文」が付け加えられ、大西洋憲章に対抗する戦後構想としての宣言の意義は弱まった。連合国への外交攻勢としての価値は低いものとなった。

大東亜共同宣言は、大東亜共栄圏内の独立国の首脳が集まる会議での共同宣言である。独立を認められていない地域は、当然ながら大東亜共同宣言に記された対象ではない。日本の植民地である朝鮮・台湾、日本領とされたインドネシア、マラヤ、さらにフランスによる統治を認めていたインドシナは除外された。これらのうち東南アジア地域の人口は、地域の六割余を占めていた。

大東亜会議の開催

一九四三年一一月五日と六日、東京の帝国議会議事堂で大東亜会議が開催された。

中国からは南京国民政府の汪兆銘行政院長、満州国の張景恵《ちょうけいけい》国務総理、タイから首相代理としてワンワイタヤコーン親王、八月一日に独立したビルマからはバモウ首相が、会議の前月である一〇月一四日に独立したフィリピンからはホセ・P・ラウレル大統領が参加した。また、オブザーバーとして自由インド仮政府首班のスバス・チャンドラ・ボースが陪席した。

各国首脳は、一一月二日から順次来日し、東条首相と会談、三日夕方には東条首相招待の茶会や、四日には皇居で昭和天皇による昼餐会《ちゅうさんかい》も催されていた。

大東亜会議が開催された一一月五日に各国首脳による演説が行われ、翌六日に大東亜共同宣言が議案として提出され、東条による説明ののち各国の意見表明が行われ、満場一致で採択された。

その後、自由インド仮政府のボースの演説が認められた。ボースはイギリスとの対決によるインドの独立を訴え、大東亜共同宣言を「アジア全民族に対する解放の憲章」と述べた。東条はこの演説に応え、日本が占領中のアンダマン・ニコバル両諸島を自由インド仮政府に帰属させる用意があると表明。東条の閉会演説と汪兆銘による答辞で閉会した。

大東亜会議終了後の一一月七日午前には、日比谷公園で大東亜結集国民大会が開かれ、一〇万人もの民衆が集まる前で、東条と各国首脳が演説し「大東亜戦争完遂決議」が行われた。午後には明治神宮外苑競技場で開催されていた第一四回明治神宮国民錬成大会を首脳一行が見学し、大東亜各地からの南方特別留学生による「大東亜各地青年合同体操」が行われる。その後も、東条はバモウやラウレルらと会談を行った。

大東亜会議　1943年11月５，６日，５つの地域の代表を招き，東亜共同宣言が議論のうえ採択された

大東亜会議の代表者たち（1943年11月６日）　前列左からビルマのバモウ首相，満州国張景恵国務総理，南京国民政府汪兆銘行政院長，東条英機首相，タイのワンワイタヤコーン親王（首相代理），フィリピンのラウレル大統領，自由インド仮政府のボース

では、大東亜会議と大東亜共同宣言は、重光と外務省がねらった連合国への「外交大攻勢」としての効果があったのだろうか。外務省は世界各地の反響を、報道を通して収集している。

蔣介石国民政府のお膝元《ひざもと》の重慶放送は、日本が勝利の自信を失い、傀儡たちの会議を利用して滅亡を逃れようとしているにすぎないと報じた。中国共産党の新華社は、大東亜会議は日本と占領地域人民への「一の芝居」であることは明らかで、日本がますます困難な状況になっていることを示すものと報じている。報道のかぎりでは、大東亜共同宣言は、蔣介石国民政府との和平には効果をもたらさなかった。

イギリス統治下インドからタイに向けた現地語放送では、もし日本に十分な戦力があったならば、何もへりくだって管轄下の各国に助力を求めなかったであろうと伝えた。また、オーストラリアのABC放送は、タイの首相ピブーンと仏印のドクー総督が参加していないことを指摘し、「彼等が日本側独裁者の脅迫と頤使《いし》に反発するに充分なる自信を抱き初めたる証左」と指摘している。そして、アメリカのAP通信は、大東亜各国の首脳が戦争の完遂を誓う共同宣言を発表したが、これに先立ち代表の一人が占領地域原住民に対する「日本側の超高慢態度に対し警告する所」があったと伝えた（『大東亜戦争関係一件／大東亜会議関係』）。

連合国の報道は、会議開催の日本の現状における目的を指摘し、アジアの首脳からあった日本への注文など会議の問題点も突いていた。大東亜会議と大東亜共同宣言による「外交大攻勢」は、期待したような反響や効果はなかった。

水面下での抵抗の声

タイは大東亜会議に首相のピブーンが出席しなかった。このことには日本も頭を悩ませていた。ピブーンは、欠席の理由に自身の健康不安とともに、出席すればタイ国内で対日屈服と受け止められ政情が不安定になると出席を固辞した。また、タイが大東亜会議に出席する他の国とは異なる状況にあると主張した。ピブーンには、タイが一貫して独立を維持してきたことへの誇りがあった。

ピブーン

タイは日本と同盟を結んだアジア初の国だったが、日本の戦局が悪化するなか、日本との距離を明らかに取り始めていた。

このため日本はピブーン政権の基盤強化とタイの民心掌握のため、先述したように、一九四三年七月にマラヤの北部四州、さらにはビルマのシャン地方二州を、タイに編入することを発表していた。ピブーンの会議への参加固辞は、日本か

大東亜会議で各地域首脳に語りかけるラウレル大統領（1943年11月5日）

らの利益供与がまったく功を奏しなかったことを示している。ワンワイタヤコーン親王の代理派遣で、日本はかろうじて面目を保ったが、ピブーンの不参加は、タイが「自主独立」を誇示したものであり、先のＡＢＣ放送の指摘も的外れではなかった。

大東亜会議での各国首脳の演説は、和訳を理由に日本への事前提出が求められていた。それは事実上の検閲だった。そのため日本と大東亜共栄圏への賛辞と美辞麗句ばかりだった。しかし、フィリピンのラウレル大統領は、再三の要請にもかかわらず提出を拒否し演説を行った。もちろん演説全体は、他の首脳同様に大東亜共栄圏を讃《たた》えていたが、「自主自立」の主張も交えたものだった。

ラウレルは「大東亜共栄圏の確立は、これを形成するある一国の利益のために行われ居《お》るのではないのであります。〔東条〕閣下のことばを借れば、大東亜共栄圏の確立は各構成国家の自主自立を認め、これを尊重することに始まるのでありまして、かく政治的独立及び領土権を承認することに依《よ》りて、各国は各々独自の制度に応じて発展を遂」げると述べている。

ラウレルは、大東亜共栄圏の確立のため各国の協力を強調する論理を、政治的独立と領土権の承認こそが重要と読み替え、さらに「日本のみが残存し東亜の朋友《ほうゆう》が滅び苦しむ場合は、日本は喜ばれないのであります」とも述べている（『大東亜戦争関係一件／大東亜会議関係』）。

ラウレルの演説に埋め込まれた「自主独立」の主張や日本への批判は、単に演説上のことだけではない。大東亜会議以前から独立の準備過程で繰り広げられていた。

大東亜新政策が、名目上であれ「自主独立」を掲げた以上、東南アジアの対日協力者たちは、その論理を逆手にとって自己主張し、日本が設定した秩序の枠組みからでも、抵抗の声を上げていた。さらに、大東亜共同宣言が日本の指導性や階層秩序を表面に出さずに自主独立を掲げた以上、日本は対日協力政権の自己主張も認めざるを得なくなっていく。

こうした対日協力者の「抵抗」は、共栄圏の崩壊過程で扱うことにしたい。

第5章

共栄圏運営の現実

——期待のフィリピン、北支での挫折

英米と開戦しアジア・太平洋戦争が始まると、日本は経済自給圏の建設のため、重要国防資源など各種物資の増産や交易を各地で図った。だが多くの困難にあって失敗する。また圏内輸送力の低下から経済自給圏自体の形成が難しくなり、東南アジアを切り離し、日満支による経済圏の形成によって戦時経済の維持を図ろうとする。しかし、それも失敗に終わる。

この章ではこうした過程を描いていく。

なぜ、輸送力が低下し、期待した北支の経済開発は挫折したのか——。経済自給圏建設が抱えていた問題点を明らかにしていく。

1　南方資源開発の限界——棉花増産と鉱山復旧

棉花の不足と棉花増産計画

一九四一（昭和一六）年一二月の開戦後、大東亜共栄圏内では第2章で少し触れたように棉花が大幅に不足する。圏内では一年間で二〇〇〇万担（一担は約六〇キログラム）の需要があったが、当時の生産量は五〇〇万担程度であり需要の四分の一ほどだった。生産の大半は中国で、開戦二年前の一九三九年には六三五万担を生産していた。

このため圏内で約一五〇〇万担の増産を必要とした。中国では日中戦争前の一九三六年に、一四五〇万担を生産したこともあり、中国での増産と南方での新たな作付で、不足分を補うことはできると考えていた。

一九四二年四月四日、開発企業の選定を行う内閣に設置された第六委員会は、五年後には南方全体で約三九〇万担を生産する五ヵ年計画を策定し、担当する企業を選定した。五年後の具体的な生産目標は、フィリピンで一五〇万担（五〇万町歩。作付面積、以下同）、ビルマとセレベス・南ボルネオ（周辺諸島を含む）がそれぞれ約一〇〇万担（約三四万町歩）、ジャワ・スマトラ・北ボルネオが四二万担（一四万町歩）だった。

この決定は第一期の五年計画であり、次の第二期の五年と合わせた一〇年間で、南方で五〇〇万担を生産する計画だった。同時に北支と中支でそれぞれ各一〇〇〇万担を生産し、朝鮮・台湾・満州の約二七七万担を加えて、大東亜共栄圏内で合計二七七七万担の生産により、需要を賄うというものだった。

棉業の関係者は、南方での棉作地の拡大に期待していた。大日本紡績連合会は一九四二年一月に大東亜共栄圏内の棉花増産に関する特別委員会を開き、中国の棉花増産方策と南方での繊維資源開発の方針を政府に建議している。

南方での増産計画は、同時期に拓務省でも検討していた。このため、大日本紡績連合会と拓務省で協議をし、三月にはフィリピンで現地調査を行っていた。これを踏まえ南方での具体案が作成され、陸軍や関係省庁との討議を経て、四月四日に第六委員会で五ヵ年計画が決定していた。

一九四二年四月一六日、紡績、棉花、拓殖などの業者から選ばれた棉作担当企業の代表者が、陸軍官邸に招集され、正式に南方での五ヵ年計画を伝達される。

開戦前は、南方での棉花生産量はわずかに四〇万担程度。それを五年間で八倍近くの生産量にするためには、サトウキビ栽培地の転作や米作の裏作が考えられた。三月のフィリピンでの現地調査は「糖業再編成による棉作の研究」が主題で、調査に参加した大日本紡績連合会の白石幸三郎理事は、帰国後「砂糖畑をある程度棉作に転換することから始めまして段々と拡張して行く、そして数ヶ年間に三十万町歩あるいは五十万町歩の棉作耕地を得る事は必ずしも不可能でない」と述べている（『大日本紡績連合会月報』五九六号）。

砂糖生産の中心は台湾であり、フィリピンのサトウキビは余剰作物となり転作に大きな期待が寄せられ、フィリピンでの棉作の生産目標は一五〇万担と量が多かった。八月に示されたフィリピンでの増産計画の実施要領では、三年目までの棉作予定地の約八割がサトウキビ栽培地だった。

こうした転作の考えは糖業業界でも同様だった。第2章でも少し触れたが大東亜建設審議会第六部会で、大日本糖業連合会会長の藤山愛一郎はフィリピンでの砂糖キビ栽培を極力抑えると述べ、棉作に転換できるならばフィリピンの九五万トンの砂糖を転作しても構わないと発言していた。しかし、その部会で同じく委員だった大谷光瑞は、棉花への転作について栽培環境の観点から注意を喚起している。

棉花は、元来、熱帯・亜熱帯の植物である。発芽適温は二〇～二五度である一方、発育には水はけがよい土地が求められる。このため南方では乾期での栽培が考えられた。三月のフィリピンでの現地調査に参加した京都帝国大学教授の榎本中衛《えのもとなかえ》は、台風、干魃《かんばつ》、病虫害の不安を挙げ、フィリピンは決して理想的な棉作地ではないと指摘していた。だが、自然災害への万全の対策のうえ、南方での栽培は有意義と判断される。

棉花増産の失敗

フィリピンでの棉作担当企業は、東洋紡績、大日本紡績、呉羽《くれは》紡績、鐘紡《かねぼう》、台湾拓殖、東洋棉花など八社が選定された。一九四二年五月に、フィリピンのほかビルマ、ジャワなどの担当企業の社員を乗せた大洋丸が広島の宇品《うじな》港を出港した。だが、東シナ海で連合国軍に撃沈され、多くの開発担当要員が犠牲となった。六月に再度、宇品港から棉作担当事業者が出発、七月マニラに上陸する。フィリピン軍政を指揮していた軍政監部は、棉花の増産要綱や実施計画、担当地域を決定した。一年目の目標を約三万七〇〇〇担（約一万二〇〇〇ヘクタ

フィリピンでの棉花　視察中の田中静壱第14軍司令官(右)

ール。なお一ヘクタールは約一町歩）とし、栽培予定地の中心をルソン島とネグロス島とした。

八年月末、呉羽紡績など四社がネグロス島に着いたが治安が悪く、急遽、ルソン島で棉作適地を探し、現地の地主や農民と栽培契約を結ぼうとした。だが、彼らは棉作に関心を示さず、作付は難航する。

大洋丸の沈没、ネグロス島での挫折などの出遅れが響き、結局、種を蒔《ま》く最適期の一〇月上旬に作付できたのは、わずか約六八三ヘクタールだったが、年末までにはフィリピン全体で計約一万一六〇〇ヘクタールに達し、目標に近づけた。しかし、結局、収穫量は八八〇三担であり、目標の二〇％強にすぎなかった。

低い収穫量は、気候風土に適合しない品種と播種時期《はしゅ》の遅れ、そして虫害だった。気候風土に適した在来品種の種を大量に確保できず、灌漑《かんがい》が必要な北支から輸入した品種を播種したが、すぐに乾期が訪れ、水不足と虫害に襲われた。特にコミドリヨコバイによる被害は甚大で、ルソン島では作付面積の二六％が被害を受けている。

ネグロス島でも治安の悪化とともに虫害で大部分の作付地が放棄された。榎本が指摘していた自然災害への対策を講じることができないまま増産に着手したことが問題だった。

翌一九四三年度の棉作は、ルソン島中部地方でも治安が悪化し、ゲリラに日本人の棉作担当者が次々と殺害される。一〇月と一一月にはルソン島中部を大水害が襲い、二つの州では播種が終わった面積の半分以上が放棄され、この年の棉作もうまくいかなかった。結局、一九四四年初頭の収穫を期として棉作担当者は徐々に耕作地から撤退した。水害、虫害、そしてゲリラの抵抗により、フィリピンでの棉花増産計画は失敗に終わった。

他方で、棉花栽培地への転換などによる砂糖の生産調整は、フィリピンの花形輸出産業だった糖業に大きな打撃を与えた。戦前に一〇〇万トンを超えていた砂糖の生産量は、敗戦時にはわずか一万一七一五トンにまで落ち込んだ。

棉花増産は、他の南方でもフィリピンと同様に計画通りに進まなかった。蘭印のセレベス島で棉作担当となった東洋紡績は、一九四三年度の生産予定を約二万二五〇〇担としたが、実際には一万六〇〇〇担であり、同島北部を担当した南洋拓殖も同年の計画三万三〇〇〇担に対し生産は約二万担、同島南部を担当した大日本紡績も計画の三分の一しか生産できなかった。いずれも虫害による被害が大きかった。

同じく蘭印のバリ島やフローレス島を担当した三井農林は、一九四三年度の計画三万八〇〇〇担だったが、農薬不足による虫害から生産は一万担だった。

南方での棉作で最も注意すべきは虫害だと、当初から専門家の意見は一致していた。だが農薬は恒常的に不足したままで、南方全体での棉花増産も失敗に終わった。

鉱山復旧の困難

開戦後、日本は占領した南方の油田やボーキサイト鉱山などを急速に復旧させ、日本本土に資源を送ることができた。しかし、復旧が困難だった鉱山も少なくない。

たとえばフィリピンは、銅、マンガン、クロームなど数多くの重要戦略物資を埋蔵・産出する期待の地だった。しかし、一九四二年八月になると、日本軍から逃げ延びた米比軍の兵士を中心にゲリラ活動が活発になり、産業施設の日本人開発担当者を殺害するなど、鉱山では大きな損害が出るようになる。以下、フィリピンの鉱山を具体的に見てみよう。

まず、銅についてである。ルソン島のマンカヤン銅山に次ぐ規模の中部パナイ島にあるアンチケ銅山は、一九四二年四月の日本占領時には破壊されていた。担当事業者の石原産業は二〇〇〇人の労働者を集め九月下旬に復旧させたが、すぐに抗日ゲリラの攻撃を受け、多数の日本人従業員が殺害され、作業は中止に追い込まれた。

軍の支援を受けフィリピン人俘虜《ふりょ》を動員して再び作業に着手し、一九四三年七月までに約五〇〇〇トンを産出し三五〇〇〇トンを内地へ送っている。一九四三年度は一万九〇〇〇トンを採掘したが、四四年になると内地への輸送が困難になり、ゲリラ活動も激化したため一一月に閉山した。

アンチケ銅山と同じくパナイ島のピラーカピス銅山と中部ネグロス島のシパライ銅山は、同じく石原産業が担当事業社だったが、ゲリラの襲撃など治安が悪くほとんど開発することができなかった。

銑鉄と鋼の製造原料となるマンガンの鉱山については、カラミアン諸島のブスアンガ島に多数あることが知られていた。戦前から有望な鉱区は日本鉱業が出資し現地会社が経営し、開戦後は全島の開発を日本鉱業が担当する。一九四二年五月以降、従来の従業員を使って順調に出鉱準備が進んだが、九月にフィリピン人の反乱が起こり、島内の大半の日本人が殺害されて各鉱山施設もほとんど破壊された。翌年、復旧し出鉱したが、予定の鉱石量は確保できなかった。

鉄鉱石の鉱山については、ルソン島南部のカランバヤンガン鉄鉱山の開発が石原産業によって順調に進められた。一九四二年八月から四四年六月までに、約二一万トンの鉱石を日本に送っている。他方で、戦前から日本が鉱石を購入していたサマール島のサマール鉄鉱山（戦前累計約七六万トンを輸入）とマリンドケ島のマリンドケ鉄鉱山（戦前累計約二〇万トンを輸入）は、戦時下でも鉱石を取得する予定だったが、日本は確保できなかった。

ビルマでの難航

ビルマでは中部のボードウィン鉱山が、当時、世界有数の鉛・亜鉛の鉱山として知られていた。この開発担当をめぐっては第3章で述べたように、日本鉱業と三井鉱山が激しく受命を競い合った。一九四二年六月に暫定的に軍直営となり両社は協力会社に指定され、日本鉱業が銅精錬部門を担当する以外は三井鉱山が担当した。七月に三井鉱山のスタッフが入山し、一一月には鉱業所が設置されて復旧が始まる。

だが、鉱山復旧は困難をきわめた。ラングーンから北へ約一〇〇〇キロの辺境にあり、坑道は残っていたものの発電機が破壊されていた。さらに現地労働力の確保も困難だった。開戦前はインド人と中国人が坑内で働いていたが、日本軍の侵攻により逃亡。インド人は確保したものの、代替として考えた現地のビルマ人は坑内労働を嫌い、採鉱能率も低かった。

このような条件のもと、一九四三年二月から採鉱を開始し、四月には発電所も一部復旧したが、直後にイギリス軍による爆撃で停止し、以後、復旧と爆撃が繰り返された。結局、一九四四年八月に資材不足で操業停止するまで採掘量は約九万トン、鉛・亜鉛の精鉱はそれぞれ一万数千トンだった。しかし、ビルマの鉄道輸送力の低下のため、積み出すことができた量は精鉱約五〇〇〇トンで、日本には一トンの精鉱さえ送ることができなかった。

このように、南方の鉱山開発と鉱石取得、日本への輸送がうまくいかなかった資源も少なくなく、鉱種によっては獲得が難しかった。

2　輸送力の激減――戦線拡大と軍部による徴傭継続

海上輸送力の減少と産業の重点化

英米との開戦時、日本が保有していた船舶は約六三七万トンだった。政府内の検討を踏まえた企画院の見通しでは、民需用の物資輸送船は常時最低三〇〇万トンあれば、日本経済の維持に必要な物資輸送は支障がないと想定した。一方で、南方を含めた太平洋戦域に、兵員や武器を運ぶ輸送船が大量に必要であり、こうした徴傭《ちょうよう》船は計算上三〇〇万トン以下に抑える必要があった。

ただ、開戦当初は作戦地域が広く、兵員輸送などで三〇〇万トン以上の船舶が一時的に必要だった。企画院では、初期作戦終了から徴傭船の徴傭解除が始まり、民需用三〇〇万トンに回復するという見通しだった。その後はこの保有量を維持して、一九四一年度並の物資を確保し、基礎素材となる鋼材四五〇万トンの生産を計画していた。

開戦当初、約六三七万トンの船舶全体のうち、徴傭船は陸軍が約二一六万トン、海軍が約一七四万トンで、民需用は約二四〇万トンだった。だが、初期作戦終了後に軍の徴傭船解除は順調に進まなかった。

一九四二年三月七日の大本営政府連絡会議では「今後採るべき戦争指導の大綱」が決定した。その内容は、以下のようなものだった。

一、英を屈服し米の戦意を喪失せしむるため引続き既得の戦果を拡充して、長期不敗の政戦態勢を整えつつ機を見て積極的の方策を講ず〔傍線筆者〕

二、占領地域および主要交通線を確保して国防重要資源の開発利用を促進し、自給自足の態勢の確立および国家戦力の増強に努む

（『杉山メモ（下）』）

この決定は、アメリカ艦隊との早期決戦のために南太平洋方面で攻勢的作戦を優先させたい海軍と、北方での対ソ戦に備えて軍備増強を意図して西太平洋における戦線拡大に反対する陸軍の妥協の産物だった。

太平洋における戦闘の拡大か停止か、戦争指導の根本方針を陸海軍が統一できずに、史料の傍線部のように両論が併記され、事実上、南太平洋での拡大案が容認された。これは開戦

前の方針を大きく変更するものだった。これ以降、民需用の輸送船確保と戦時経済の維持に大きな問題が起きていく。

この決定に基づき、海軍は船舶の徴傭を継続する。その後も海軍は、アメリカとオーストラリアの連絡を遮断するために、南太平洋に戦線を拡大。一方、陸軍は長期不敗の態勢構築の観点から、マレー作戦の順調な進展を受けて、日中戦争の解決にも資する援蔣ルートの封鎖を目的とした中北部ビルマでの作戦を四月一日に開始。陸軍もこのビルマへの侵攻作戦のため船舶の徴傭継続を強く主張した。開戦前には想定していなかった陸海軍の戦線拡大によって、民需用の輸送船不足は解消しなかった。

海軍の南太平洋への進出は、一九四二年八月からのガダルカナル島をめぐる日米での攻防戦につながる。陸軍もこの戦闘に加わることになり、兵員や補給の輸送に船舶を投入するが、そこで多くの船舶を失っていく（一九四三年二月までの戦闘で一四〇隻、約六五万トンの船舶を喪失）。

一時的に陸軍の徴傭船が減少し、物資動員計画のための使用船は約二三三万トンまで増えていたが、年末には物資動員計画用の使用船は約一八〇万トンにまで割り込んだ。参謀本部は一九四二年一一月に、新たに六二万トンもの船舶の徴傭を政府に要求していた。

この時期、すでに輸送力の低下から鋼材をはじめとする基礎資材の深刻な生産減少が予測されていた。一九四二年一一月に政府は臨時生産増強委員会を設置し、さまざまな緊急対策を取ることになっていた。参謀本部の要求を認めれば、南方からの資源や食糧は激減し、日本経済の維持に支障をきたすことは明らかだった。

しかし、政府は一一月二一日の大本営政府連絡会議で、参謀本部の要求のほぼ半分にあたる二九万五〇〇〇トンの徴傭を認めた。この会議で東条英機首相は、次にように述べている。

これら船舶徴傭の影響につき、例えて言えば差し当たりの徴傭量のみにても、〔昭和〕一八年〔一九四三年〕度の鋼材生産は本年度の四二七万トンから三〇〇万トンに低下し、統帥部の要求通り全部とすれば二〇〇万トンに減少することとなり重大なる影響あり。〔中略〕このままでいけばいよいよ破産状態となるべきを以《もっ》て、統帥部としても今後の増徴については充分検討してもらいたし

（『杉山メモ（下）』）

しかし、参謀本部は納得しなかった。政府の言い分を呑《の》めば作戦継続は不可能であり、統帥権干犯とも参謀たちは主張した。田中新一《たなかしんいち》参謀本部第一部長は陸軍省の軍務局長室に怒鳴り込み、佐藤賢了《さとうけんりょう》軍務局長と殴り合いのけんかをし、田中はさらに首相官邸にも乗り込んで、東条と直談判し激高して東条を「バカヤロー」と罵倒《ばとう》した。

東条は田中の更迭と引き換えに、参謀本部の要求を受け入れた。当時、首相と陸相を兼任していた東条首相ですら、統帥部の要求を呑まざるを得なかった。内閣と統帥部の分裂という大日本帝国の政治指導上の問題点が露《あら》わになったときだった。

5-1　アジア太平洋戦争中の船腹保有量の推移，1942〜45年

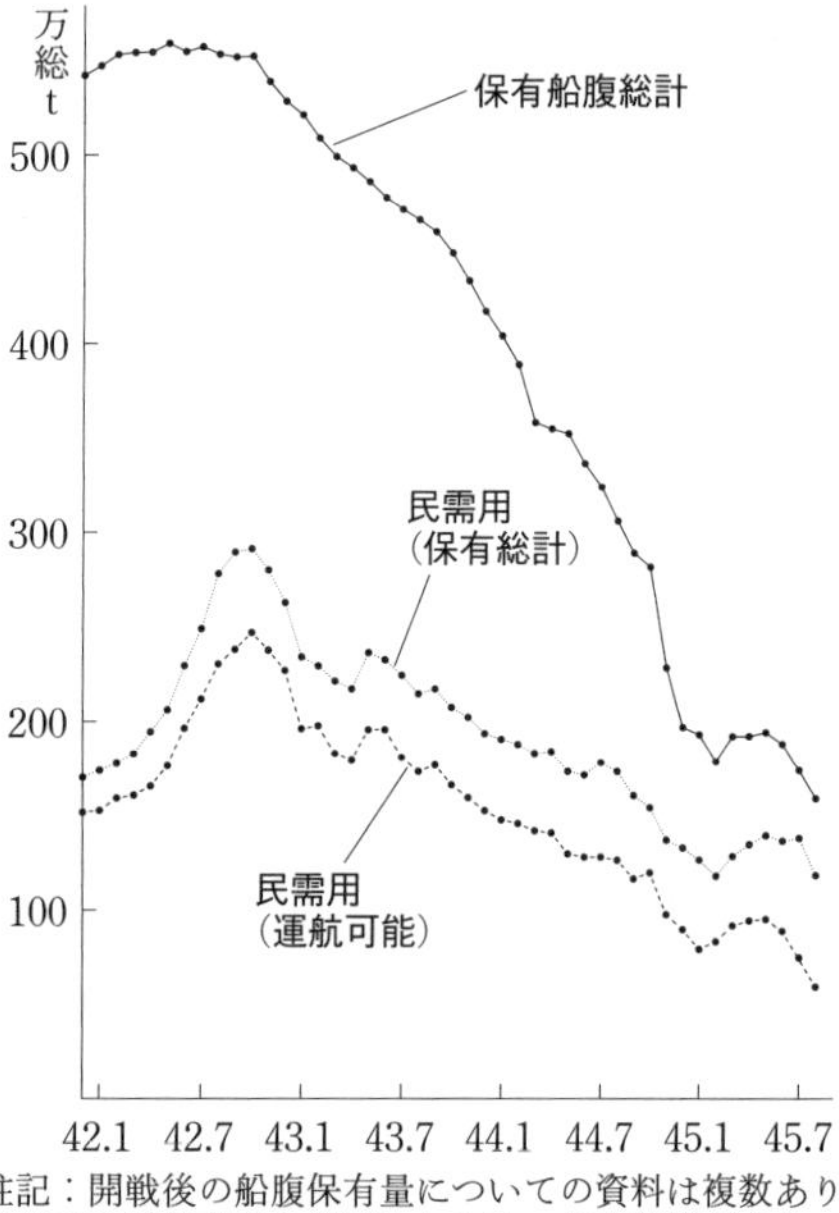

註記：開戦後の船腹保有量についての資料は複数あり，本文では最新研究を引用したため，多少齟齬がある
出典：原朗『日本経済史』（放送大学教育振興会，1994年）を基に筆者作成

一九四二年一二月一〇日、御前会議が開かれ、「当面の戦争指導上作戦と物的国力との調整並に国力の維持促進に関する件」を決定した。陸軍は新たに三八万五〇〇〇トン、海軍は三万トンの徴傭が認められる。こうして、翌一九四三年一月には、民需用の輸送船は約二六〇万トンまで減少する。そのなかでも物資動員計画用の使用船は、一九四三年三月には約

一六〇〇万トンまで減少した（『太平洋戦争期の物資動員計画』）。

結局、開戦当初の初期作戦終了後に、民需用の船舶を三〇〇万トンにまで戻すという計画はなし崩しとなり、減少の一途をたどり、敗戦まで回復することはなかった。民需用輸送力の低下は、さらに戦時経済に深刻な影響を与えることになる。

長期的な政策の棚上げ

民需用物資運搬の海上輸送力が低下するにつれて、政府内で経済自給圏形成の長期計画についての関心が急速に薄れていった。当面は必要な重要物資の確保に注力するようになる。

大東亜の地域の政治・経済を司る大東亜省では、一九四三年三月に入ると、前年に決定した南方への経済政策「南方経済対策要綱」の改訂を検討し始めた。第六委員会を引き継いだ大東亜省連絡委員会第一部会では、五月一日に幹事会で「南方甲地域経済対策要綱（案）」をまとめた。その文書の冒頭には要点が大きく八項目にわたって記され、そのひとつに経済自給圏について重要な説明が含まれていた。

第一次対策、第二次対策の段階的区分を廃し、まず当面の戦争完遂に焦点を置くべき対策を詳述するとともに、所要に応じ逐次恒久的施策をも採り挙ぐべきものとし、その拠

るべき大綱を示す

（『大東亜戦争中ノ帝国ノ対南方経済政策関係雑件（支那事変及第二次欧州戦争ヲ含ム）第一巻』）

この第一次対策、第二次対策とは、南方経済対策要綱で示されていたものだ。第一次対策は戦争遂行上に必要な重要国防資源の確保を主眼にし、第二次対策は大東亜共栄圏自給自足態勢の完成をめざし、各地域の産業配分や人口配分を定めるものだ。

この段階的区分を取り払って、当面の事態への対策を詳細に示すことは、事実上、第二次対策、つまりは長期的な経済自給圏形成の政策立案と実施の凍結だった。要するに、大東亜共栄圏全域での物資の交流を基礎とした一体的な経済自給圏の形成は棚上げになる。

このため南方各地ごとの自給的な経済圏の構築を図る施策が採用される。要点には、「広義の現地自給の強化を策す」とあり、南方甲地域経済対策要綱の本文には、次のような通則が記載されることになった。

経済各分野にわたりなしえる限り国内経済力の負担節減に努む。これがため資材、人員などは必要やむを得ざる限度において、本邦その他の地域より所要の供給をなすも、なしえる限り現地の自給態勢を逐次強化するに努むるものとし、極力在来の現地経済組織および既存施設の利用ならびに現地住民の積極的活用を図り、かつ南方各地域間の相互交流を促進す。　（同前）

この南方甲地域経済対策要綱は、第3章でも取り上げたが、一九四三年六月一二日に大本営政府連絡会議に報告されて国策として確定した。先に、南方甲地域経済対策要綱は住民の必需物資の現地自活を図って民生を維持し、民心を掌握して戦争遂行に寄与させることが目的だと指摘した。だが、ここで見てきたように、長期的な経済自給圏形成を棚上げし、眼前の戦争遂行と、そのために必要な経済政策の実施に専念しようとするものでもあった。

ただし、南方からの日本への重要物資の輸送をまだ重視していた。通則の第一には「経済対策の重点を重要国防資源の開発取得に志向す」「取得したる重要国防物資はすべて帝国の物資動員計画に組入れる」と記している。特に開発し取得する資源として、石油、ボーキサイト、銅鉱、マンガン、タングステン、クロームなどをあげていた。そして、海上輸送力を節約するために、これら鉱石をできるだけ現地で焙焼《ばいしょう》選鉱や精錬することに努めるとした。

蘭印でのアルミニウム現地精錬の試み

では、南方甲地域経済対策要綱が実施を謳った、南方での重要国防資源の現地精錬は実際にはどうだったのか。蘭印でのボーキサイトを見てみよう。

日本は一九四二年二月にボーキサイト鉱で知られていた蘭印のビンタン島を確保した。八月から内地への輸送が軌道に乗ると、アルミニウムを現地で精錬する構想が本格化する。輸送量が約四分の一に節約できるからだ。

一九四三年二月、日本政府は調査を始め、スマトラ島トバ湖を水源とするアサハン川にダムと水力発電所を建設し、その電源でアルミニウム精錬工場を建造する計画を立案する。それはすでにオランダの会社が着工したものを活用する計画だった。

政府は五月にダムと発電所の建設を決定し、その担当に朝鮮北部の鴨緑江《おうりょくこう》流域でダム建設に関わった日本窒素肥料を選定。七月一六日には大東亜省連絡委員会第一部会が、その電源を使用したアルミニウム生産を決定する。

その決定では、ビンタン島でアルミニウムの原料となる中間材アルミナを生産し、それをスマトラ島のアサハン川河口に建設する工場に運んでアルミニウム精錬を行うというものだった。アルミナからアルミニウムを製造するには大量の電力が必要で、水力発電所に近接した工場を建設しようとしていた。

ビンタン島のアルミナ工場建設は、ボーキサイト採掘を行っていた古河鉱業系列の日本軽金属が担当、スマトラ島のアルミニウム精錬工場建設は日本窒素肥料と日本軽金属の二社が指名され、それぞれの会社で年産二万トン計四万トンの生産を目標とした(『南方経済対策(改訂版)』)。

日本軽金属は一九四三年九月に昭南支社とビンタンアルミナ工場建設所を発足させ、ビンタン島に四五年三月までに年産一〇万トンのアルミナ工場を完成することを目標に工事に着手。一九四四年一二月までに七〇〇人を現地に派遣した(『日本軽金属二十年史』)。

他方で、スマトラ島のアルミニウム精錬工場建設は、一九四四年一一月までにアルミニウム一万トンを生産する第一期工事、四五年五月までに第二期工事を行って目標を達成しようとした。

しかし、建設所長が一九四四年二月に資材不足と輸送の困難から建設の中止を陸軍に進言。陸軍はこの意見を入れ、アルミニウム精錬工場建設計画は頓挫する(同前)。

すでに陸軍は、前月にビンタン島アルミナ工場建設事業を陸軍直営にすることに決めており、まずアルミナの精錬を重視していた。日本軽金属による工事はそのまま陸軍の指揮下に置かれ、日本軽金属の建設要員は軍属になり、建設資材は兵器扱いとされ、資材の確保と輸送は特別に優先された。陸軍は航空機原料の確保をめざしていた。

建設資材の総量は約一万三〇〇〇トン、現地人労務者一万六〇〇〇人も雇い入れた。この建設は、陸軍と企業が一体となり、現地資材などを大量に投入した特別な工事だった（同前）。だが、日本からの資材が不足し、資材輸送もまったく不可能となった一九四五年一月に中止が決まる。

結局、南方甲地域経済対策要綱が、輸送量節約のために謳っていた現地での精錬・製品化は、最も重視した物資の一つであるボーキサイトですら実現しなかった（『「南方共栄圏」』）。

方針転換——満州、北支の重点開発へ

一九四三年六月になると、民需用の海上輸送力はさらに減少した。一九四二年九月以降、船舶の損耗《そんもう》が想定を超える一方で、陸海軍は南太平洋とビルマで戦力の増強を考え、徴傭船の増加を求めた。六月中に、陸海軍合わせて合計一七万トンの増徴が決定。さらに船舶の損耗が増え、九月三〇日の御前会議で九月と一〇月合わせて二五万トンの追加徴傭が決まる。その結果、圏内の輸送力の低下は深刻となった。

政府内では物資供給の中核を中国や満州に置き、南方からの物資は重要資源に絞り込む方針に転換する。六月に企画院は、鉄鋼は内地生産力を維持しつつ、中国で建設を始めた小型溶鉱炉を中心とする銑鉄の増産を推進、アルミニウムの増産分は日満支で得られるアルミナを含有する礬土《ばんど》頁岩《けつがん》を利用するといった物資動員計画の策定方針案を作成した。この方針案

に示された考えは、その後の追加徴傭を受けて正式な決定となった。

九月三〇日の御前会議では、絶対国防圏の設定と航空機四万機の生産を目標とする主要物資の生産目標も決定していた。一九四四年度の生産目標は、普通鋼鋼材五〇〇万トン、アルミニウム二一万トン以上、鋼船一八〇万トンである。

政府は工業力のすべてを投入し、この計画を実現するために総動員行政の大再編となる軍需省の設置を決定する。軍需省は航空機の飛躍的増産を図るために、軍需生産の一元的管轄を行う官庁として、企画院と商工省の大部分、そして陸海軍の航空本部の一部を合併し、一一月一日に発足する。

九月に決定した生産目標に基づいて、一〇月に決まった物資動員計画の大綱では、銑鉄生産では北支を中心とした小型溶鉱炉による対日供給を一三四万四〇〇〇トンと過大に依存していた。また、アルミニウム原料は北支からの礬土頁岩を約七九万トンとし、それ以前の計画から三・五倍に増加させている。対照的に南方からのボーキサイトは海上輸送力不足のため、一九四三年度計画よりも少ない七〇万トンに削減していた。物資動員計画の大綱では、非重点物資については、いっそう削減され南方からの物資供給は大幅に減少した。

物資動員計画など一九四三年度下期計画の修正、四四年度計画の改訂版は、日満支（特に北支）での資源開発と対日供給が重視されていた。その開発と供給を担当したのが大東亜省である。一九四四年一月の大東亜省の文書には、次のようにある。

> 日満支ことに日満北支は共栄圏の最中□〔文字欠落〕体にして、その物資は本邦物動計画の根幹をなし、鉄、石炭、棉花その他のいわゆる物動物資の交流いかんは、物動計画自体の成否を左右する〔中略〕すなわち日満支間交易は、本邦物動計画の実施にほかならず、〔中略〕日満支交易の円滑なる遂行は、今次戦争遂行の限度を意味するものというも過言にあらず
>
> （「第八十四回帝国議会答弁資料（総務局）」）

戦争遂行を左右するとまで書くほどに、日満北支の経済圏の状況が重要不可欠と認識していた。一方、南方は一九四四年度での物資輸入の大幅な減少の見通しを示していた。

この時期、政府の経済自給圏の認識は、石油など一部の重要物資を除き、実質的に日満支に限定され、かなり縮小していた。ただし、これは経済的側面だけであり、政治的軍事的には前章で述べたように大東亜会議が終えたばかりで、南方も依然として重要な地域としていた。

3　北支、満州の開発へ——食糧難をめぐる迷走

北支の重要産業生産——鉄鋼と石炭

日満支の地域のなかでも、石炭、鉄鉱石、礬土頁岩、棉花といった重要資源の増産、鉄鋼、アルミナなどの素材工業の建設が見込めるのが北支だった。

小型溶鉱炉による鉄鋼生産は、北支が六八万四二〇〇トンと最多の生産計画だったが、最も重視された鉄鉱石の産地は北支に近接した蒙疆の龍烟《りゅうえん》鉄鉱山である。石炭は一九四二年度には北支・蒙疆で二五〇二万トンを産出し、製鉄用原料となる粘結炭《ねんけったん》の供給でも期待されていた。各炭鉱で増産が図られ、近接する蒙疆の大同《だいどう》炭鉱も注視されていた。

小型溶鉱炉は、一九四二年一二月二四日の閣議決定により各地に建設が決まった。この計画は、鉄鋼原料は容量が大きいために輸送量を減らそうと、製鉄資源の豊富な北支、中支、蒙疆、朝鮮に、一基二〇トンの小型の溶鉱炉を建設するというものだった。小型溶鉱炉は建設資材が少なくすみ、各基の建設期間は着手から三ヵ月以内とされた。

一九四三年度の生産目標は、全体で五〇万トンのうち、北支一八万トン、蒙疆七万トン、

北支，鉱山・炭鉱関連図

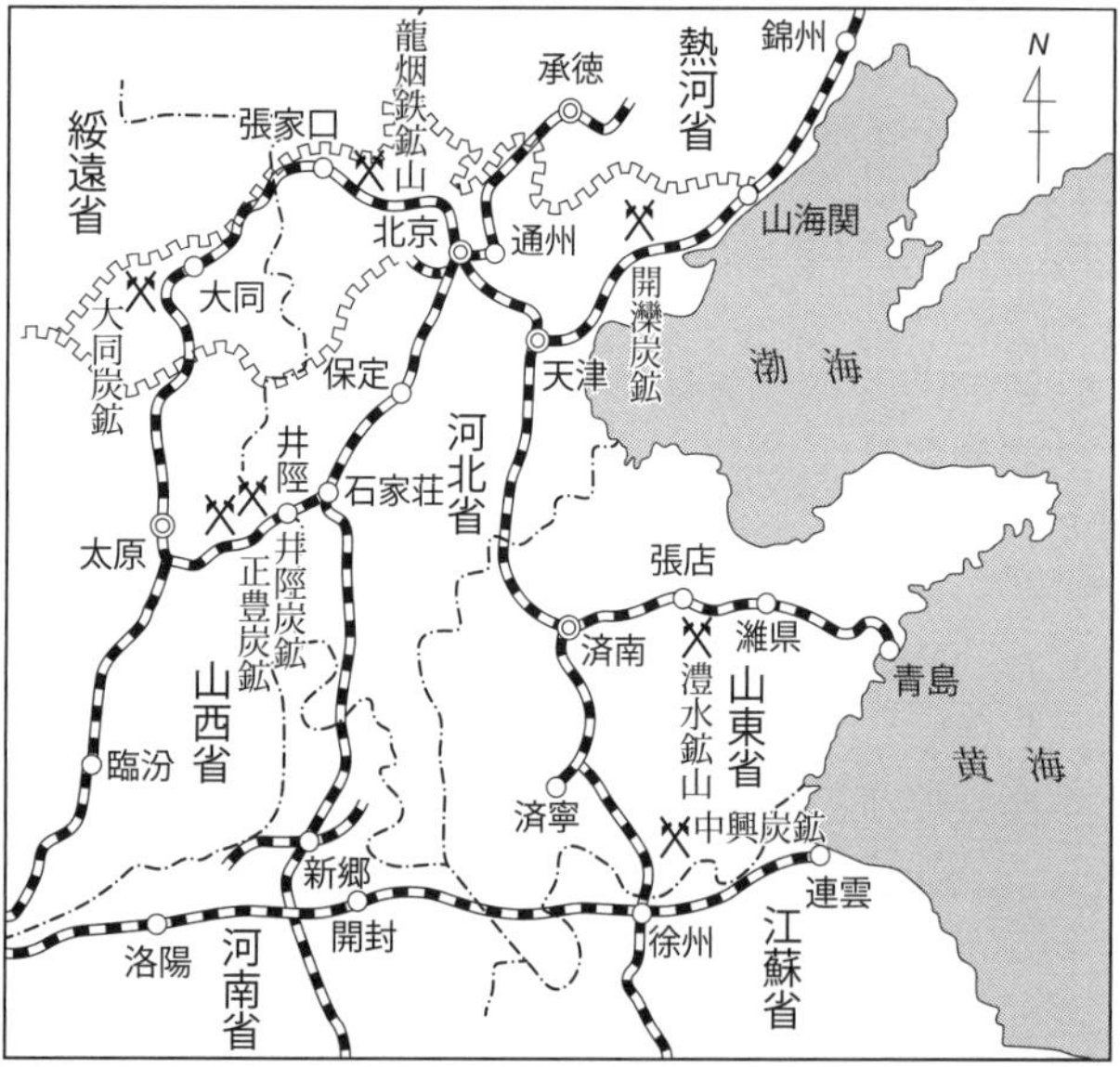

出典：芳井研一『難民たちの日中戦争』（吉川弘文館，2020年）を基に筆者作成

中支四万トンと、中国で合わせて二九万トンだった。一九四三年一〇月末には、北支と蒙疆で、計画五九基のうち二三基が稼働していた。

鉄鋼増産の決定を受けて、大東亜省では小型溶鉱炉での増産の見通しや問題点、改善点などの調査を行った。その結果、一九四三年度は計画量に達しないことがわかる。設備不良、原料、労働力不足、技術者不足とあらゆる面で問題があったが、なかでも労働力不足が深刻だった。小型溶鉱炉は大型高炉に比べて一〇倍の労働力が必要だったからだ。

一九四三年一二月末には三九基、四四年三月末には五一基まで完成したが、四三年度末の北支と蒙疆を合計した生産量は、一一万五〇〇〇トン程度で計画の半分にも満たず、供給の増加は難しかった。

石炭増産も、一九四三年度の出炭量が二二一四万トンと、前年度から二八八万トン減少する。これも食糧不足を原因とする労働力の不足と資材の入手難からだった。

礬土頁岩からアルミニウムへ

アルミニウム生産では、原料をボーキサイトから礬土頁岩へと転換が考えられていた。その主産地は北支であり、そのためアルミナの現地精錬工場の建設が始まる。

北支の礬土頁岩で高品位のものは、ボーキサイトを原料に使う工場を一部改造することで、アルミニウムを生産できることがわかったため大幅な増産方針が立てられた。一九四三年一〇月の物資動員計画改訂大綱では、それまでの計画から大幅に増やして約七九万トンだった。

大東亜省では、一九四三年一〇月に技師らを北支に派遣し礬土頁岩の鉱床を調査させた。それまで山東、冀東《きとう》の両地区から採掘していたが、さらに山東省張店《ちょうてん》の近くの澧水《れいすい》に優良な鉱床を発見する。また、採掘する日中合弁会社である北支礬土鉱業股份《こふん》有限公司の機構強化を図った。一九四三年度の礬土頁岩の生産は前年と比べて一七万トンの増加で、約三三万トンとなった。

一方で、すでに大東亜省は一九四三年五月にアルミナの現地精錬工場「華北軽金属株式会社」設立に着手していた。北支で採掘される礬土頁岩を使ってアルミナを年間で六万トン生産し、工場施設では一九四四年度に五〇〇〇トンを対日供給する予定だった。

華北軽金属株式会社は、一九四三年一一月二〇日に発足し、工場は山東省張店城外に四四年一月から建設が始まり、九月の完成をめざして工事が進んだ。しかし、四月以降、海上輸送がさらに悪化し停滞する。礬土頁岩の採掘は好調だったが、対日供給は半分もできないでいた。

食糧問題――北支最大の課題

輸送力低下によって南方からの資源供給が厳しくなるなか、重視された北支だったが、先に触れたように最大の問題は労働力不足だった。その原因は労働者に供給する食糧不足だった。これは北支の産業開発全般の問題でもあった。

北支はもともと過剰な人口を抱え、慢性的に食糧が不足していた。日中戦争以前から、カナダやオーストラリアなどから主食となる小麦を毎年約五〇万トン輸入していた。それが、日中戦争による輸入の一時的な途絶、一九三九年には干魃や大洪水による減収があり、北京や天津などの都市部だけでなく農村部でも食糧難となっていた。

北支の食糧問題は治安問題に直結するため、日本の現地機関は食糧増産のための施策、価格設定などの流通機構の統制も行うが、食糧不足は解決せず、農村からの鉱工業への労働力の移動は進まなかった。また、棉花増産による食料生産からの転作が問題を深刻化させていた。一九四三年には食糧がさらに不足し、鉱工業の労工が帰農や農業労働者となり、鉱工業部門の労働力はさらに不足した。

他方で、北支の労働力は満州国の鉱工業開発でも期待されていた。一九三七年から満州産業五ヵ年計画が始まると、北支から満州に多くの労働者が移動し、四〇年には一四〇万人の就労が見込まれた。

つまり、北支では食糧増産と棉花増産、北支と満州での鉱工業開発と、四つの課題について労働力確保が競合していた。とりわけ深刻だったのは食糧増産だった。

一九四二年度と四三年度は、北支の食糧増産のために緊急対策が取られ、井戸の掘削よる灌漑や土地改良、肥料や農薬の増量に資金を投入した。

一九四三年前半に対支新政策のもと、現地の対日協力政権である華北政務委員会に権限を移管。三月に日中間で食糧確保の役割分担を図った。民需食糧の確保は華北政務委員会が担当し、戦力の維持に直接関係する重要産業部門や棉花栽培部門の食糧調達は日本側があたる。つまり、華北政務委員会が現地で食糧農産物を買い取り住民に供給する一方、日本は満州、蒙疆、中支、南方からの輸入によって食糧を労働者に供給することになった。

こうした緊急増産施策によっても、早急な食糧確保は厳しかった。華北政務委員会が担当した現地生産物の買い取りでは食糧確保ができず、日本が用意する輸入食糧からも供給していた。仏印からのコメの輸入が減少するなか、日本の現地機関は、すでに行われていた満州からの食糧輸入をさらに増加させようとしていた。

満州からの食糧供給

英米との戦争を始める一九四一年前後から、満州国は大東亜共栄圏内で鉱工業産品を供給するだけでなく、農産物の供給地として重視されていた。日本の不足食糧を補い、さらに北支へも供給するためである。

一九三九年秋、日本本土は深刻な食糧不足となり、仏印から外米を輸入し乗り切ったことはすでに触れた。その後も輸入は続いたが、輸送力の低下により仏印からの輸入が不安定となると、その代替として満州から日本本土へ、大豆、大豆粕《かす》や雑穀などが輸出された。一九四一年に一四二万トン、四二年に一五〇万トン、四三年に一五二万トンと微増していく。

食糧難だった北支も満州から雑穀を輸入する。一九四一年に一七・五万トン、四二年に一八・九万トン、四三年は二三万トンである。

先述したように、北支の産業開発は重要な課題だったが、最大の問題は労働力不足であり、その原因は労働者に供給する食糧不足だった。そのため大東亜省支那事務局は、一九四四年度、満州から北支への雑穀輸出を倍増する計画を立案する。一九四四年は、北支全体では七三万六〇〇〇トンの輸入を計画し、そのうち満州からは四九・五万トンと七〇％近くを占めた。

満州国の農業生産は一九三八年を頂点に四二年まで下降線をたどった。農産物の市場への集荷も一九三九年度以降、四二年度まで目標値に届かなかった。しかし、一九四三年度以降、好天による豊作、農村への行政の介入が進み、生産量は増加し、集荷も目標を達成するようになる。集荷量は前年に比べて八〇万トンの増収が見込まれた。

ただし、大東亜省満州事務局は、満州国内の労働者増大、飼料関係などで国内需要の増加を勘案し、日本や北支への輸出の増量を四〇万トン以内に抑える案を作成する。大東亜省総務局は、日本国内に三〇万トン、北支に一〇万トンと割り振った増量計画を立案した。このため、満州から北支への全体の輸入量は、計画では四九・五万トンだったが三五万トンにとどまり、不足分を他から補填する必要が出てきた。

北支では現地での補塡を考えたが、現地での買付は華北政務委員会の担当であり、民需に充てるものだ。日本による北支での買付は、重点産業の労働者のためであり、民需向け食糧の逼迫を招く。食糧価格を高騰させ、住民生活をいっそう不安定にする可能性が高かった。

そのため大東亜の地域での経済政策の実施を統括する大東亜省は、満州国内でのさらなる食糧増産を目論み、農地の改良拡大、未墾地の開拓増産を図り、日本から資金、資材、技術を援助する方針を立案した。

こうして満州での食糧増産は、日本と北支の住民生活の安定、重要国防資源の確保という三つの意義を持つことになった。

満州での食糧増産

一九四三年一二月二一日、大東亜省の方針を反映した「日満食糧自給に関する措置要綱」が閣議決定された。

この要綱では、日満で連携し生産計画と需給計画を立案すること、そのために農商省・内務省・大東亜省で組織する協議会を常置し、満州国との連絡には大東亜省があたること、満州国の増産確保に必要な資金、資材、労力、技術は、日本が極力援助すること、日満と北支との間の食糧の交流を円滑に運営することが決められた。

ここでは満州開拓事業が、食糧増産の支援策として考えられていた。そもそも満州開拓事業は、一九三六年に国策として満州国への「二十ヵ年百万戸送出計画」を打ち出したことに始まる。日本の農村各地で開拓団がつくられ、多くの農民が移民し始まった。一九三八年からは、一六歳から一九歳の青少年を開拓民として組織した満蒙開拓青少年義勇軍も送り込まれていた。

二十ヵ年百万戸送出計画は、内地農村の過剰人口問題を解消するため計画・実施されたが、翌年に始まった日中戦争の拡大により、日本本土の農村の労働力が不足したため、移民希望者は激減、第一期の五ヵ年から計画目標を下回っていた。

一九四一年一二月三一日、政府は新たに、「満州開拓第二期五ヵ年計画要綱」を閣議決定した。この計画では、日満両国が補助金を出して、満州農業の改良発展と増産促進という新しい役割を開拓民に加え、一九四二年度以降五ヵ年間に一般開拓民、青少年義勇隊開拓民を合わせて二二万戸の入植を目標とするものだった。

しかし、実際の移民は、戦争が激化するなか目標を大幅に下まわる。一九四一年から四五年までで、一般開拓団一万七二六七戸、義勇隊開拓団五万七一〇〇戸で、合計七万四三六七戸にすぎず、計画の半分も満たせなかった。

並行して政府は、一九四三年九月に「戦時緊急開拓政策」を打ち出していた。これは食糧増産の一点を目的に、国境地帯や土地改良地区への補充入植に重点を置き、開拓団の生産を前年度に比べて七割増やそうとするものだった（『満洲開拓史』）。

大東亜省は、日本人開拓民を高く評価していた。彼らが食糧増産だけでなく、現地農民の技術向上や増産意識に貢献し、模範的役割を果たして、全体の食糧増産に多大の効果を発揮していると指摘していた。大東亜省はさまざまな団体への補助費のうち、一九四四年度は二五%、四五年度には五九%を開拓移民の費用を投入しようとした。開拓民の渡航費、農具などの補助、指導員費、訓練関係費などにである。

さらに、政府は一九四三年一一月、満州国の緊急農地造成計画に積極的に協力することによって、食糧の自給態勢強化を図ることを閣議決定した。造成地は鹿児島県の広さに相当する総計一七万九八八一ヘクタール、一九四四年度から事業に着手し四五年末までの完成をめざした。これは日本が資金援助して農地を開拓し、農産物のほぼすべてを日本に供給するものだった。一九四四年八月には年度予定の八割を造成したが、資材供給の不足から一九四五年度は計画よりも二万ヘクタールの減少の見込みだった。

こうしたさまざまな施策を行ったものの結局、満州国から日本や北支への食糧供給の増量は、一九四四年後半から輸送力が急激に低下して実現せず、供給は減少の一途をたどる。

北・中支での棉花増産の頓挫

棉花増産計画は南方では失敗に終わったが、主要な産地として大幅な増産に期待がかかっていた北支ではどうだったのだろうか。先述したように、北支での棉花増産は食糧生産と競合し、棉作農家は食糧生産を優先したため生産量は大きく減少していた。

一九四二年一一月に日本経済連盟会は、棉業について政府に要望を提出し、中国での棉花増産を国策として強力に推進することを求めた。日本経済連盟会は、一九二二年に結成された財閥資本が中心の資本家団体で、現在の日本経済団体連合会の前身組織である。翌年三月には大東亜省で棉業懇談会が開かれ、中国に工場を持つ紡績会社などの業界団体は、官民合同による中国棉花増産の方針を希望した。棉業は財界にとっても重要な産業だった。

経済界や業界が棉花増産の国策を望んだのは、棉作が北支では華北棉産改進会、中支では華中棉産改進会という民間主導で行われていたためだった。ともに日中合弁による中国法人の民間団体である。現地での食糧生産との競合調整や大規模な灌漑施設の建設などには、政府の関与が必要だった。

一九四三年四月、業界の要望を取り入れ大東亜建設審議会に、「大東亜地域の繊維原料増産方策」を審議する第一一部会が新たに設置される。ここで棉花増産を重要な国策として位置づけて検討が行われるようになった。時間がかかったものの一九四四年一月、第一一部会は「大東亜地域の繊維原料増産方策に関する答申」を政府に提出し、二月に「政府施策の参考」として閣議決定される。あくまでも参考にすぎなかったが、部会の運営は大東亜省であり、答申内容は実施される。

ここでは、当初は長期的な根本策が検討されたが応急的な対応策となって採用される。それは中国での棉花生産状況の変化に対応するためだった。一九四三年は中国共産党軍の攻撃により治安が悪化、それにともなって食糧が暴騰した影響で、棉花の作付面積が大幅に減少していた。日本の紡績会社は買付に動員され、中国の華北政務委員会も武力による収奪に近い割当供出を行った。それでも買付実績は、前年度の二三〇万担の四分の一程度、四六万担だった。南方での棉花増産の失敗もあり、北支での応急的な増産が必要となる。

現地の華北棉産改進会は答申が出た段階で、一九四四年度の棉花増産計画を作成していたが、その内容も答申と同様に応急的な対応だった。棉花の生産目標を四一八万担、最低買付量を二八八万担とし、行政機関が強力に推進し目標を達成するというものだった。その際、棉作農家には見返りとして食糧を配給することにしていた。

しかし、こうした食糧供給の見返りや、作付奨励金などにもかかわらず、棉作の作付面積は広がらなかった。水害や低温が続くなか、九月段階で目標を大きく下回る約二五〇万担が生産予想となった。

しかし、北支と中支の棉花栽培地帯の治安が悪化するなか買付が問題だった。一九四四年には北支で中国共産党勢力が浸透し、棉花作付面積中、治安良好地区はわずかに八%、何らかの危険がある地域が七一%だった。中支も同様で北部の陸上輸送には陸海軍の支援が必要だった。

結局、日本の一九四四年の買付量は、北支一二〇万担、中支八〇万担前後であり、その他を含めても全体として二五五万担の予想だった。それでは、対日供給、現地や満州の需要全体に対して約九〇万担が不足すると試算された。

一九四五年四月初めまで軍の支援下で買付が行われたが、想定した五〇万担の半分にも満たず、日本への輸出も輸送力が激減し、わずか一四万七〇〇〇担でしかなかった。

結局、棉花の主力産地と想定された北支も、増産どころか一九四三年度から減少の一途をたどった。食糧生産との調整ができず、中国共産党の勢力拡大と浸透により、作付や買付も調整不能となり、北支の棉花生産は失敗に終わった。

挫折の要因

輸送力の低下は、開戦から一年半で大東亜の一体的な経済自給圏の形成という長期的な計画を棚上げさせた。この時期の輸送力の低下は、陸海軍の徴傭船の解除が遅れ、さらに追加徴傭で工業生産などの民間物資の輸送に予定していた船舶を使えなかったためだった。

徴傭船の拡大は、初期作戦の成功により、自給圏建設に力を入れる予定が、陸海軍が戦線を拡大し南太平洋で連合国軍と激しい消耗戦を繰り広げ、船舶を喪失したからだ。特に海軍の攻勢的作戦を陸軍が抑えることができず、戦略を統一できなかった。「統帥権の独立」により、参謀本部や軍令部の作戦が優先され、内閣は戦時経済を維持する物資の輸送が困難になっていった。

南方や北支での資源開発の失敗は、資材が十分に整わなかったことが大きな原因だった。資材を用意するだけの十分な時間もなく、そもそも経済力もなかった。輸送力の低下はそれに拍車をかけ、抗日ゲリラの活動も日本企業の活動の妨げとなっていた。

北支での経済開発の挫折は、食糧不足が大きかった。もちろん他の地域と共通する資材の不足、共産党によるゲリラ活動なども大きい。しかし、もともと食糧不足だったうえに、英米との開戦後、海外からの輸入の途絶が、よりいっそうの逼迫につながった。満州からの食糧輸入も十分な量を確保できず、戦略物資の採掘や重化学工業を建設する労働力を確保することが難しかった。棉花増産も食糧生産との競合のなかで必要な量も確保できなかった。これらの挫折により、日本は日満支と縮小した経済自給圏の建設すら困難になっていく。

第6章

帝国日本の瓦解

——自給圏の終焉

この章では、戦局が悪化の一途をたどるなか、輸送力の低下が止まらず各地で物資が不足、日本支配下の大東亜各地の経済が破綻し、東南アジア各地域が日本から距離を置く、あるいは抵抗していく過程を描いていく。

対日協力の指導者たちが自己主張を始め、日本の指導や支配に抵抗を示し、東南アジア各地の抗日運動が激化していく。戦局の悪化は、大東亜経済圏をどのように改編し、住民たちの暮らしに、どのような影響を与えたのか。敗戦を前に大東亜共栄圏が自壊していく姿を追う。

1 対日協力者たちの離反、抵抗

フィリピン独立と新憲法――大統領の自立志向と日本の譲歩

一九四三（昭和一八）年一一月、大東亜会議の場でフィリピン大統領ラウレルが自主自立の主張を演説に盛り込み、日本を巧妙に批判したことは第4章で述べた。自主独立の主張は、交渉過程ですでに始まっていた。

フィリピンの独立は、一九四三年五月に御前会議で決定した大東亜政略指導大綱により、一〇月頃を予定していた。だが、フィリピンはアメリカ植民地時代の一九三五年五月にフィリピン憲法を制定し、コモンウェルス（自治政府）も発足、四六年の独立をアメリカから保証されていた。

大東亜地域の政治・経済政策を司る大東亜省は、独立を付与するためにはフィリピン憲法の基礎となるアメリカ的な考えの是正や、「人民主権の思想のごとき根本問題については何らかの道義的理念に変更せしむること」が必要と考えていた（『大東亜戦争関係一件／比島独立ト日比同盟条約締結関係』）。

六月二六日に決定した「比島独立指導要綱」では、フィリピン行政府を強化して独立後の政府の主体とし、日本の現地軍の指導下で独立準備委員会を編成させ、諸政策を立案させると定めていた。また、建国の理念は「大日本帝国を盟主とする大東亜共栄圏の一環として道義に基く新比島を建設し、以て世界新秩序の創造に寄与す」としていた（『杉山メモ（下）』）。

比島独立指導要綱を受けて七月二日、現地軍の軍政部代表として宇都宮直賢《うつのみやなおかた》軍政監部部長が、独立準備委員会委員長だったラウレルを訪問する。

宇都宮は、準備委員会は新憲法の起草に着手すること、その内容は比島独立指導要綱で示したように大東亜共栄圏の一環として道義に基づく世界新秩序の創造に寄与するものなど、口頭で伝えた。

これに対してラウレルは、新憲法は非常時に適応するよう執行権を強化する必要がある、民権を尊重することは避け日本のように法律の範囲内での自由に限定することも一案と、日本への配慮を示した。しかし、非常時といえども最小限度の民権の擁護は必要である、時間がなく一九三五年のフィリピン憲法（以下、旧憲法）を基礎として活かすことで、かつて国民が承認した事項を盛り込んで民心の掌握に努めると主張。それは日本の考えと対立するものだった。

宇都宮は、旧憲法の大幅な採用は、大東亜共栄圏内にあるフィリピンの地位と矛盾すると反対した。だが、ラウレルと副委員長のベニグノ・アキノは、旧憲法はフィリピン人がつくったものであり、民心を新政府に引き付けると、主張を枉《ま》げなかった。

結局、ラウレルとアキノの主張が通り、旧憲法から多くの条文の採用を認めた（『大東亜戦争関係一件／比島独立ト日比同盟条約締結関係』）。その後、起草された憲法では旧憲法の趣旨が尊重され、条文の採用が多く、大東亜共栄圏という文言はどこにもなかった。

軍中央からは、フィリピンに譲歩しすぎとの批判も出たが、今後の指導で大東亜共栄圏の一部であるという自覚を促すとの意見に落ち着き、フィリピンの主張を受け入れた。

また、九月末、東京を訪問したラウレル一行らに日本は連合国に対するフィリピンの参戦を提示していた。だが、ラウレルらは政治力量不足と国民の親米感情を挙げ強く抵抗した。日本が提案した日比同盟条約については、大東亜戦争完遂のための協力の条文を大東亜建設

民衆に語りかけるラウレル（1943年9月7日）　憲法草案の承認直後

のための協力へと修正を求めてきた。日本はこの修正を受け入れなかったが、附属了解事項で即時対米参戦とならない内容に譲歩し、ビルマとの同様の条約と比較すると、軍事協力に消極的なフィリピンに配慮した内容となった。

日比同盟条約は、独立と同日に締結されたが、即時の対米参戦は見送られ、フィリピンが実際に参戦するのは独立から約一年後、米軍がマニラ攻撃を始めた後の一九四四年九月だった。

新憲法は、九月上旬に新比島建設奉仕団（カリバピ）大会で承認されていた。カリバピとは、開戦一周年に、すべての政党を解散し日本軍がつくったフィリピン版の大政翼賛会ともいえる組織である。

次いで新憲法による選挙が行われ国民議会の議員を選出し、国民議会はラウレルを新たなフィリピン大統領に選出した。そして、一〇月一四日、フィリピンの独立が宣言された。

フィリピンの場合、治安が悪化するなかフィリピンでの人心掌握を考え、ラウレルの新政府の強化を図ろうと日本は譲歩を重ねた。ラウレルも日本の思いを巧みに利用し、自らの主導権を確保した。いったん独立を付与すれば、彼らの主体的な動きを止めるのは難しかった。

ただし、独立を付与したとはいえ、フィリピンは日本の軍事的支配下にあった。独立した一〇月一四日には、日本の現地軍とフィリピンとのあいだで軍事秘密協定も締結される。その協定では、フィリピンが戦争遂行にあらゆる協力をすると規定され、軍事や交通、産業部門など日本の統制下に置かれることになっていた(『太平洋戦争とアジア外交』)。だが、戦局が悪化し日本の軍事力が弱体化すると、対日協力者の自己主張はさらに強まっていく。

独立後のビルマの主張——日本の組織行動への不満

先述したように日本は一九四三年八月にビルマ、一〇月にフィリピンに独立を付与したが、現地には日本軍が存在し軋轢が多かった。

ビルマのバモウ首相は、日本にとって扱いやすい存在だったが、大東亜会議後の一一月八日、東条首相との会見では日本の占領政策について多くの苦情を訴えている。それは、農業労働者や牛の徴発など多岐にわたったが、根本には現地の日本軍がビルマの独立を軽視しているとの不満があった。

バモウ

たとえば、バモウは国務大臣が政治犯として日本軍に嫌疑をかけられた事件を挙げている。このときには事前連絡もなく憲兵の下級将校がバモウのもとに押しかけ、彼の方針を質《ただ》してきたという。バモウは、民衆の立場から見たとき、私の地位は滑稽《こっけい》なものだ、と苦言を呈した（『東条内閣総理大臣機密記録』）。

大東亜共同宣言は、相互に「自主自立」を尊重すると高らかに謳っていた。そのため現地での日本の組織行動への不満が表面化していた。

その後も、ビルマでは、一九四四年一月に発足したビルマ国立銀行や敵の資産の委譲をめぐって日本と対立した。

バモウ政権は通貨発行自主権の考えから、ビルマ国立銀行での通貨発行の一元化を主張していた。それに対し日本は戦費のため日本の実質的な軍票である南方開発金庫券の発行と流通の継続を主張していた。最終的には、ビルマ国立銀行券を利子付で借り入れて戦費に充てることにし、日本はビルマの要求を受け入れる（『「大東亜共栄圏」の「独立」ビルマ』）。

ビルマは植民地期の財産回収に努め、油田や鉱山などは日本が運営を続けたものの、権利はビルマに委譲された。森林も日本が使用料を支払うことになり、各所で日本はバモウ政権に譲歩した（同前）。

フィリピンもまた物資不足対策のため、日本が接収していた企業や経済の統制組織の返還を求めた。いくつか移管は実現したが、運輸や通信をはじめ戦略物資の関係機関の返還は認められなかった。このためフィリピンは、日本軍から燃料供給を受けなければならなかった。

一九四四年以降、フィリピンで日本の対米戦準備が本格化すると、日本軍からの要求が増えていく。フィリピン政府は、飛行場建設など日本からの労働力要求に、国家労働調達局を設立、労働者が公正な扱いを受けるよう最低賃金法を成立させた。日本軍が民間住宅を徴用すると、中央住宅委員会を設置し対応に追われた。しかし、こうした施策は日本軍に無視されることも多く、その都度、抗議を行わなければならなかった。

さらに、日本軍はゲリラへの内通の嫌疑でフィリピン人を逮捕し虐待することもあり、ラウレルやクラロ・M・レクト外相は、日本大使館を通じて改善を求めたが効果がなかった（「信念の対決」）。

このように日本の指導下で独立を付与されたビルマやフィリピンは、大東亜共同宣言に基づき、日本軍の行動に繰り返し抗議した。日本の思惑に抗《あらが》う対日協力者の姿勢は圏内で共振し、日本の指導を揺るがした（『帝国日本の拡張と崩壊』）。

たしかに独立を付与されたとはいえ、ビルマやフィリピンは日本の軍事占領下にあった。

「自主独立」を唱えても主張が通らないことは多い。だが、大東亜共同宣言で「自主独立」を容認し、戦局が悪化し日本は各国の協力を必要とするなか、宣言は建前だけと通すことは難しくなっていく。

日本占領下インドネシアでの動員

では、大東亜会議の半年前、一九四三年五月には帝国領土への編入が決まっていた蘭印、つまりはインドネシアの状況はどうだったのか。

インドネシアのなかでも特に人口が多く農業生産力が高いジャワ島（以下、ジャワ）は、他の東南アジア占領地域へのさまざまな補給を行う重要な役割を担っていた。とりわけ、食糧と労務者（ロームシャ）の供給を各所から要求される。

一九四三年四月からジャワでのコメの自由販売は日本の軍政当局によって完全に禁止とされ、農民に生産物の一部を軍政当局に供出する、いわゆる籾《もみ》の強制供出が課せられた。正確な実態の統計はないが、農民の手許《てもと》に残った米穀は少なく、日本軍政期間中にコメの消費量は三〇％減り、ジャワ住民の栄養状態は悪化した（『資源の戦争』）。

一方、労務動員は各地の現地軍における重要な施策項目だった。戦局が悪化し防衛が重要になった一九四三年半ばからは、軍事施設などの建設工事の需要が高まり、労務者の移動が南方軍で本格的に検討される。一〇月に南方軍政総監部で開かれた労務者対策の会議では、マラヤやスマトラ、ボルネオで労働力が必要なため、ジャワから移動させることが協議されている。

一九四四年末の段階でジャワ全体では約二一〇万人の労務動員が行われており、日本軍政期には約三〇万人が島外に移送されたと考えられている（同前）。労働力の調達は募集とされたが、現実には一定人数が各村に割り当てられ、現地の役人やリーダーを通した強制だった。それは戦局の悪化とともに強まった。

過酷な労働や医療衛生状況や食糧不足も相まって、「労務者の減耗甚《げんもう》しく一ヶ年の損耗率二〇％に及ぶ地区ある実情」という日本側の記録がある（『日本占領期インドネシア研究』）。このような過酷な経験から「ロームシャ」が、日本軍政期に徴発され重労働させられた労働者を指す言葉としてインドネシア語のなかで定着した。

日本は戦局悪化のなか、ジャワ住民を動員するために民族主義運動に配慮した対日協力を求めるようになる。

インドネシア民族運動と対日協力——一九四四年九月の独立容認

インドネシアで大衆運動の先頭に立って、動員政策に協力したのが民族主義者スカルノだった。

一九二六年、バンドンの工科大学を卒業したスカルノは、翌年にインドネシア国民党を設立した。オランダからの独立をめざし、暴力によらない大衆運動とオランダ支配に非協力の態度を取る闘争を指導し党勢を拡大していく。オランダ植民地政庁はスカルノを警戒し、一九二九年に公共の安寧と秩序を乱したとの嫌疑から逮捕、三三年にも再逮捕し、フローレス島のエンデに、ついでスマトラのベングルーへの流刑に処した。スカルノは日本軍が来攻するまで八年間、これらの流刑地で過ごしていた。

スカルノ（右）とハッタ

スカルノと同様に多くの民衆に支持された指導者にはモハマッド・ハッタもいる。ハッタは一九二一年にオランダのロッテルダム商科大学に留学するなか政治活動に傾倒し、三二年に帰国すると、すぐにインドネシア国民教育協会の議長に就任する、一時釈放されていたスカルノと民族運動の方法をめぐって対立したが、ハッタも一九三四年に運動を警戒するオランダ植民地政庁によって逮捕され、ボーヴェン＝ディグルやバンダ島に流刑となった。一九三〇年代後半、こうした二人の指導者に見るようにオランダ支配下でインドネシア民族運動は弾圧され、日本侵攻直前までには爆発寸前だった。

日本の占領後、日本軍は統治にあたって、民衆に大きな影響力を持つスカルノやハッタの協力を得るために、彼らを救出してジャカルタに連れ戻した。彼らは対日協力することで、インドネシア独立に向けての政治的譲歩を日本から獲得することを考え、一九四三年三月に民衆総力結集運動（プートラ）を発足させる。スカルノらは、民族結集の強化と組織化のため、日本への食糧供出や労務動員に積極的に協力した。一九四三年一〇月に日本軍は、スカルノらの支持を得ながら手薄な防衛力を補う補助軍隊としてジャワ防衛義勇軍（ペタ）を編成した。

こうした対日協力を得ながらも、先述したように一九四三年五月の段階で、日本は資源が豊富なインドネシアの自国領への編入を決めていた。そのため大東亜会議にはスカルノやハッタは招かれず、日程をずらして一一月一三日に日本に招待されていた。

他方で、プートラが高揚し政治化することを恐れた日本は、一九四四年三月に、全国の官僚組織や諸団体をまとめた翼賛団体、ジャワ奉公会を設立。スカルノを中央本部長に就け、協力を求めた。すでに日本が劣勢となり民心の離反も表面化するなか、スカルノら民族主義者の協力なしにはジャワでの動員は難しくなっていた。

一九四四年九月、日本はインドネシアの自国領編入の方針を変更する。小磯国昭《こいそくにあき》内閣は帝国議会の施政方針演説で、「東インド民族永遠の福祉を確保するため将来その独立を認めんとする」と述べる（『史料集　南方の軍政』）。

インドネシア独立の容認は、その後日本の占領地で民族独立の要求があったときに、原則的に独立を認めることを意味した（「植民地統治と南方軍政」）。戦局の悪化にともなって諸民族への協力の要請と、大東亜共同宣言で示された「自主独立」の尊重により、階層秩序を基にする大東亜共栄圏は事実上破綻しようとしていた。

2　自活自戦体制へ――日満支と南方の分断

一九四四年以降の著しい輸送力低下

ガダルカナル島攻防戦をはじめ南太平洋・ニューギニア島の戦闘は、一九四三年終わりには日本軍の敗勢が濃くなっていた。一九四四年二月にはアメリカ軍は南太平洋の日本軍の拠点ラバウルを飛び越しアドミラルティ諸島に上陸、またマーシャル諸島へ進攻し、戦線は中部太平洋へ移った。

日本は一九四三年九月三〇日の御前会議で、本土防衛と戦争続行のために不可欠な地域として絶対国防圏を設定していた。そのためにサイパン島やテニアン島があるマリアナ諸島への防備強化が必要だった。

一九四四年二月、統帥部から第四次船舶増徴の要求が出された。三月三日の大本営政府連絡会議では、二月の機帆船（機械航走と帆走とを併用する船で、大きさは二〇〇トン前後までで木造船が多く、沿岸航路の貨物輸送に使用された）三・五万トンに加えて、四月までにさらに一〇万トンの機帆船、二〇万トンの汽船（帆船、機帆船とは異なり推進機関として蒸気機関を備えた船）の徴傭が決まる。すでにアメリカ軍による通商破壊活動が厳しくなっていた。

日本が民需のために必要な物資輸送船は、最低三〇〇万トンが使用可能であることはすでに述べた。ただそれを護衛する艦艇を日本海軍はほとんど持っていなかった。護衛向けと言われた海防艦は、開戦時わずか四隻。五隻目を竣工《しゅんこう》したのは一九四三年三月であり、年末までにはわずか一五隻だった。

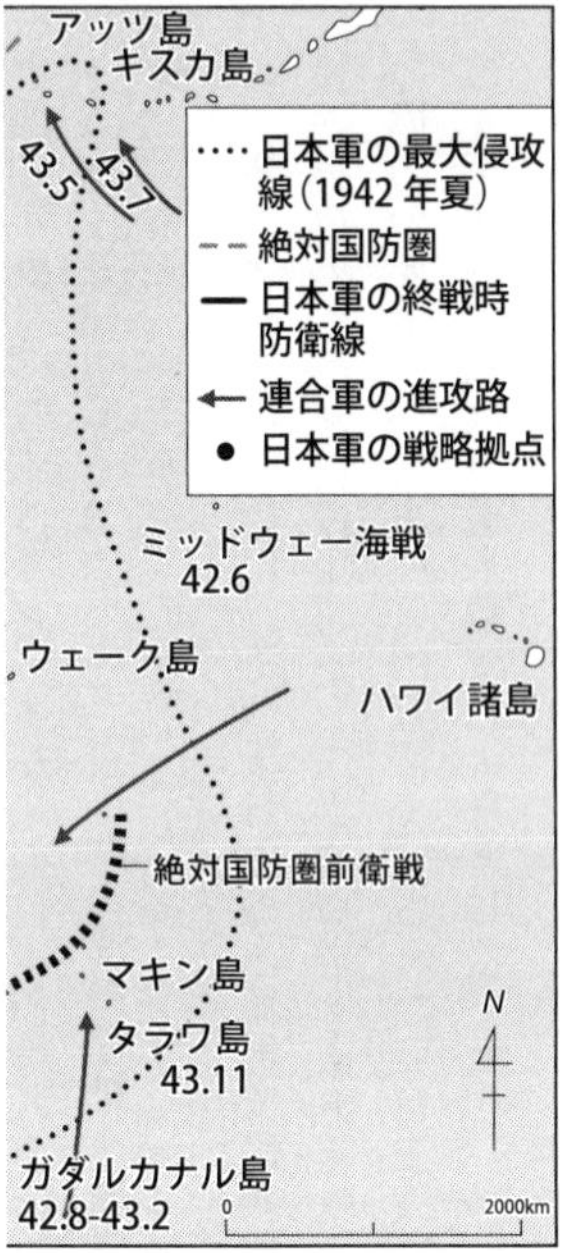

アジア・太平洋戦争後半，連合軍の攻勢（1942年以降）

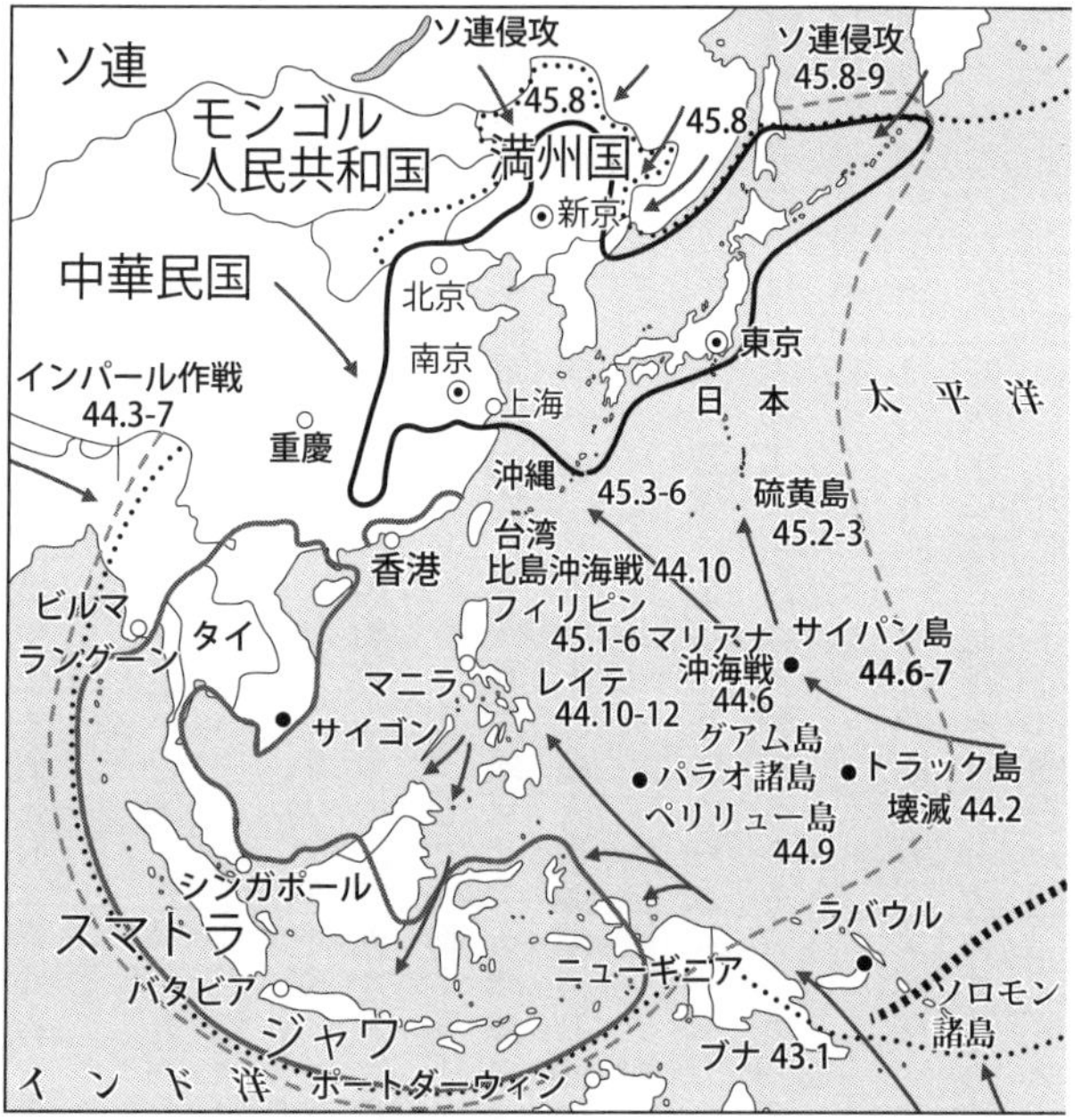

出典：前掲『日本近代の歴史6　総力戦のなかの日本』を基に筆者作成

一九四三年一一月に海上護衛総司令部が設置され、海防艦は四四年には一〇一隻が建造されたが、資材不足のなかでの急造で性能は低く、護衛の役目を十分に果たせなかった。

また、部隊編成も遅れていた。日本とシンガポールを結ぶルートを担当する第一護衛艦隊と、中部太平洋を担当する第二護衛艦隊が編成されたのは、一九四二年四月。しかも、第一護衛艦隊は駆逐艦一〇隻、水雷艇二隻、商船を改造した砲艦五隻にすぎなかった。艦隊決戦至上主義の日本海軍は、連合艦隊など戦闘部隊への資材供給が最優先だった。

一九四四年になると、船舶の喪失量が急増する。一九四二年一〇月から四三年三月までの船舶の喪失は七二・四万トン、四三年四月から九月までは七六・二万トン。だが、一九四三年一〇月から四四年三月までは一五八・八万トンと倍増、四四年四月から九月は一六五・一万トンであり、四四年後期には船舶喪失量の五四％を民需用輸送船が占めていた（6－1）。

一九四四年六月、アメリカ軍はサイパン島に上陸し翌月に占領する。これにともなうマリアナ沖海戦で日本海軍は完敗し、八月にはマリアナ諸島のグアム島やテニアン島が占領され、絶対国防圏の一角が崩れた。日本本土は超大型爆撃機B29の爆撃圏内に入った。

一九四四年後半からは、戦線はフィリピンから南シナ海にも及び、東南アジアとの通商ルートはアメリカ軍の空母艦隊による攻撃にさらされ、南方からの資源輸送が大幅に減少した。輸送力の低下は日本の工業生産に打撃を与える。一九四四年後半から普通鋼鋼材とアルミニウムの生産量減少につながっていく。

普通鋼鋼材の生産は、一九四一年に四四二万トン、四二年に四二五万トン、四三年は四五一万トンだったが、四四年には二七四万トンと大きく落ち込んだ。

アルミニウム生産は、一九四〇年度は四万一〇〇〇トン、四一年度は七万一〇〇〇トン、

6-1　陸海軍徴傭船及び民需用輸送船の喪失状況，1941～44年

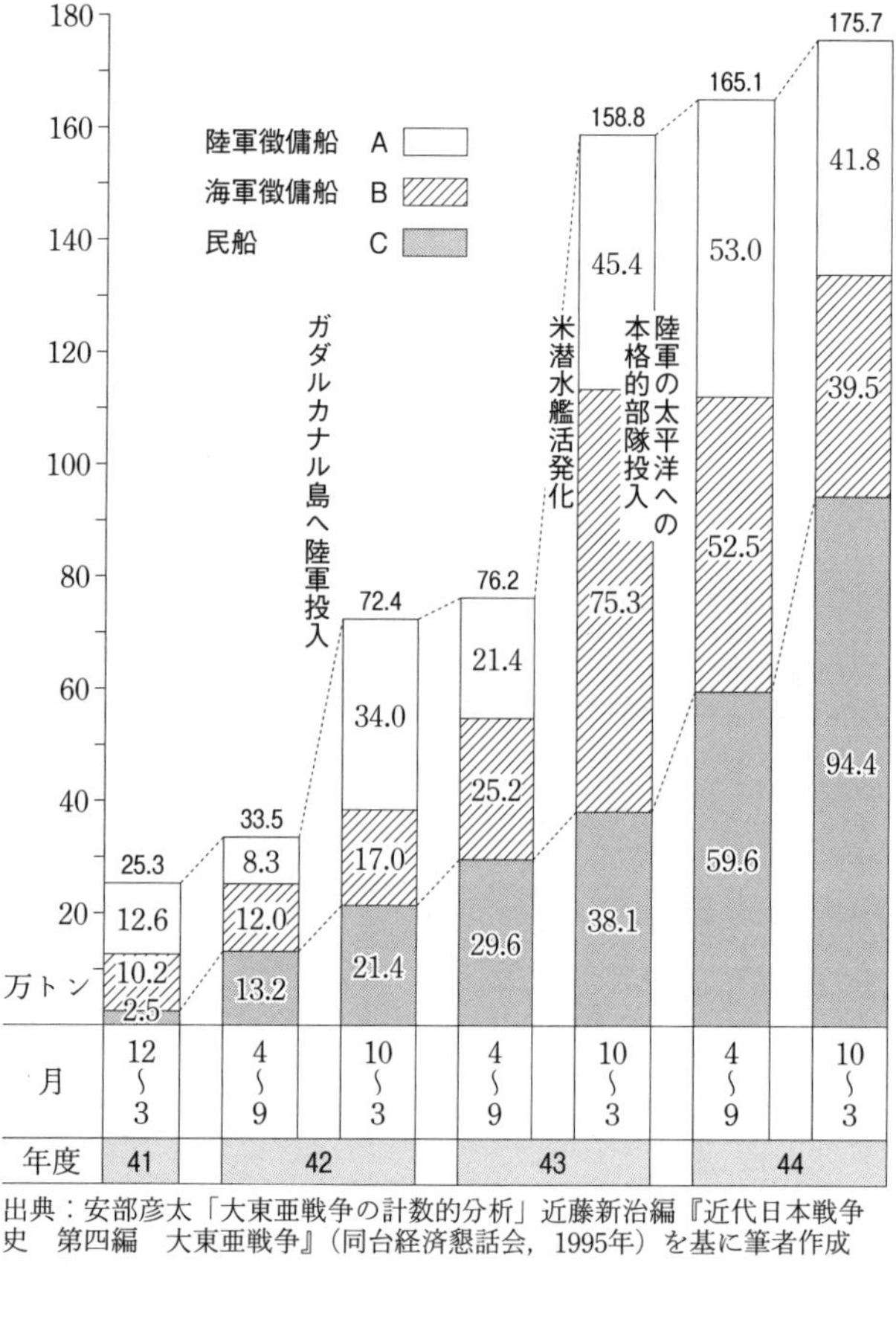

出典：安部彦太「大東亜戦争の計数的分析」近藤新治編『近代日本戦争史　第四編　大東亜戦争』（同台経済懇話会，1995年）を基に筆者作成

6-2　日本の油槽船沈没量，1941～45年

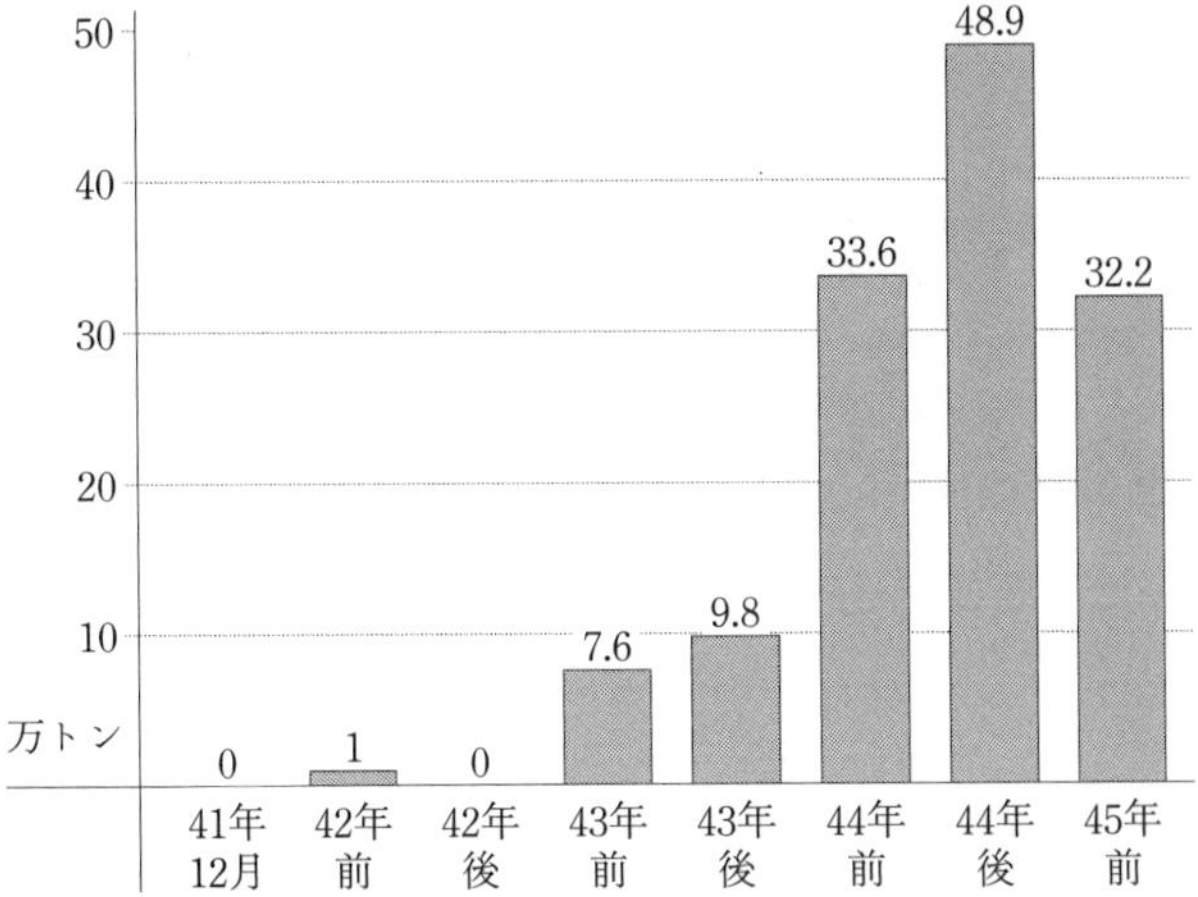

註記：前は1～6月　後は7～12月を示す
出典：前掲，「大東亜戦争の計数的分析」を基に筆者作成

四二年度に一〇万三〇〇〇トン、四三年度には一四万一〇〇〇トンと急速に増加したが、四四年度には一一万トン、四五年には約八九〇〇トンと激減する。

南方から輸送する原油も同様で、一九四四年には、油槽船の被害も増大していた（6－2）。戦時経済は急速に悪化していった。

圏域経済の分立へ

最高戦争指導会議は、一九四四年八月一九日に「今後採るべき戦争指導の大綱」を決定した。最高戦争指導会議とは小磯国昭内閣以降、国務と統帥の調整を強化し戦争指導の一元化を図るために、大本営政府連絡会議に代わって開催され

た戦争指導の根本方針を策定する会議である。

この大綱の要領では項目別に施策を挙げている。その項目には「南方重要地域を確保し、かつ万難を排して圏内海上交通の保全を期す」とある一方で、「極力日、満、支を通ずる地域および南方地域の自活自戦体勢を促進す。これがため先《ま》ず日、満、支の開発を重視す」とも記され、南方との交通を絶対に確保しつつ、日満支と南方でそれぞれ自活して戦闘することと、日満支の結合を優先するといった方針が示された（『敗戦の記録』）。

八月三一日に大東亜省が作成した文書では、この方針をより明確に説明する。

戦局の急激なる変転に即応し政府は〔中略〕統帥部と緊密なる連携の下に大東亜の南北両圏の交通困難化ないし輸送力の節減の観点より極力日満支を通ずる地域および南方地域の自活自戦態勢を促進するをもって方針とし、これがため帝国物的戦力の当面の基底は石油等絶対確保を要するものを除き能《あた》う限りこれを内鮮満支に置くこととし、右各地域は真に総合的なる一体観を基盤とし全力を奮って帝国当面の物的戦力の増強に期しつつあり

（大東亜省総務局経済課「第八十五帝国議会　大東亜地域経済施策ニ関スル想定質疑応答」）

そして、この考えに基づいて、日満支と南方の自活自戦態勢を促進する具体的な方策を打ち出していた。以後、政府・軍は東アジアと東南アジアの地域圏の経済を、ほぼ分立して扱い、それぞれの自活自戦体制の構築を急いだ。

3　経済破綻と独立運動——東南アジアでの高揚

東南アジア地域の貿易崩壊と窮状

では、切り離された東南アジアの経済状況はどうなったのか。

日本が支配した南方は、日本の侵攻以前は二つの貿易により成り立っていた。一つは対欧米貿易である。ゴムや砂糖の商品作物を栽培し、スズや石油などの鉱物資源を採掘して植民地本国に輸出。本国からは工業製品や生活必需製品を輸入していた。もう一つは、東南アジア域内貿易である。東南アジアの各地域は食糧を自給できなかったため、仏印、タイ、ビルマからコメを輸入していた。

日本は占領後、対欧米貿易を途絶させたため、輸出用の商品作物は滞留し価格が下落、多くの会社が倒産し失業者が増加していた。日本には欧米諸国を代替する能力がなく、工業製品や生活必需製品は不足し価格が急騰した。

東南アジア域内の貿易については、陸上海上交通ともに日本の軍政下に置かれて、多くは日本が管理運営した。そして、地域間の物資の移動は一元的に管理されたため、現地状況に応じた機動的な輸送ができず、各地域は分断された。地域内の輸送力も、軍による徴用や燃料不足などから減退した。このため食糧危機に陥る地域が出てきた。

一方、コメの主要産地である仏印、タイ、ビルマでも、販路を失って価格が暴落した。ビルマではインド人労働者が帰国し、労働力不足から生産量が減少した。また、国内輸送力の不足から各地域内部で、深刻なコメの偏在が起き、特に北部ベトナムでは一九四四年末から翌年にかけて飢饉が起こり、餓死者は約二〇〇万人とも推定されている（「日本軍による支配の実態と民衆の抵抗・ベトナム」）。東南アジア各地は、狭い地域での自給自足の経済に収縮していった。

輸送力低下と物資不足のなか物資を確保するために、日本は通貨を乱発。大東亜共栄圏各地は激しいインフレに見舞われた。とりわけ一九四三年後半から急騰する。

東南アジアでは日本の英米との開戦時、一九四一年一二月の卸売物価指数を一〇〇とすると、シンガポールでは四三年一二月に一二〇一、四四年一二月には一万七六六に達した。ビルマのラングーンでは、一九四三年一二月に一七一八、四四年一二月には八七〇七、四五年八月には一八万五六四八となった（6－3）。ハイパーインフレは、住民の生活をいっそう

	南方占領地					
国民政府	フィリピン	ボルネオ	ジャワ	スマトラ	マラヤ	ビルマ
重慶	マニラ	クチン	バタビア	メダン	シンガポール	ラングーン
A	C	C	C	C	C	C
100						
99						
166						
334						
1,143						
11月						
1,690	100	100	100	100	100	100
…	…	…	102	…	…	…
…	…	…	140	…	…	…
…	186	…	139	…	…	…
…	200	114	134	308	352	…
…	245	128	150	384	405	705
…	247	141	166	432	807	900
…	437	…	199	…	…	1,253
…	1,196	153	227	707	1,201	1,718
…	1,976	…	304	…	2,922	2,629
…	5,154	388	492	886	4,469	3,635
…	14,084	…	1,279	1,279	6,471	5,765
…	14,285	827	…	1,698	10,766	8,707
…	14,285	…	1,752	2,253	…	12,700
…	…	…	2,421	3,252	…	30,629
…	…	4,000	3,197	3,300	…	185,648

を基に筆者作成

6-3　植民地・占領地関係卸売物価指数推移，1936～45年

			日本			中華民国		
			日本内地	台湾	朝鮮	満州	華北	華中
			東京	台北	ソウル	新京	北京	上海
基準時			A	A	A	A	B	B
日中戦争中	1936	平均					100	100
	37	6	100	100	100	100	…	116
		12	101	…	104	100	…	130
	38	12	107	112	123	125	…	153
	39	12	131	126	151	159	261	342
	40	12	131	140	157	198	409	567
	41	12	145	146	164	208	518	1,650
太平洋戦争中	42	3	148	148	165	210	565	1,782
		6	149	150	167	212	645	2,575
		9	150	149	169	216	618	2,935
		12	150	150	173	232	817	3,399
	43	3	153	152	179	235	1,220	4,733
		6	158	159	186	238	1,184	6,556
		9	160	159	187	242	1,227	8,669
		12	163	168	193	254	1,382	11,066
	44	3	168	170	200	262	1,504	16,320
		6	175	179	207	281	2,156	22,923
		9	182	181	213	303	2,799	33,491
							11月	11月
		12	185	…	217	…	4,622	94,170
	45	3	192	…	…	…	…	…
		6	219	…	…	…	…	…
		8	226	…	…	…	…	…

註記：基準時Aは1937年6月基準，Bは36年基準，Cは41年12月基準
出典：安藤良雄編『近代日本経済史要覧』（東京大学出版会，1995年）

困苦にするものだった。

日本が敗退を重ねるなか、大東亜共栄圏の物流は収縮・途絶し、日本経済の維持も不可能となった。アジア各地の経済は破綻しようとしていた。

戦局・経済悪化から抵抗運動へ

日本の戦局と経済状況の悪化を背景に、東南アジア各地での抗日抵抗運動が次第に激しくなっていく。

フィリピンには、日本占領初期から二つの抵抗運動があった。一つは、在極東米国陸軍の将兵による「ユサフェ・ゲリラ」と呼ばれた抗日活動だ。彼らはのちに連合国軍の支援下に置かれる。もう一つは、タガログ語で抗日人民軍を意味する「フクバラハップ」と呼ばれるルソン島中部の共産党系抗日人民軍で、一九四二年三月から四月にかけて結成された。彼らは、日本軍排除と地主制打倒を掲げ、土地改革を進め農民の支持を得ながらルソン島中部を事実上、支配するまでに成長する。

一九四三年半ば以降、フィリピン全土でユサフェ・ゲリラは組織的な抗日ゲリラ活動を展開、日本が開発していた鉱山の多くを支配下に置いた。フィリピンでの日本の鉱山開発がうまくいかなかったのは、資材不足や輸送手段の問題もあったが、第5章でも触れたようにゲリラ活動による妨害や治安悪化があった。

日本軍はゲリラと協力したとみなした住民を弾圧したが、かえって抗日運動が高揚し、資源開発などの経済活動は難しくなっていく。

他方、英領マラヤでは日本軍の弾圧対象の多くが華僑だった。戦前から日本と戦う蔣介石国民政府を支援していて、開戦当初の日本軍による華僑「粛清」への反発もあって抗日運動を行ったからだ。一九四二年三月にマラヤ共産党は、山岳地帯やジャングルに弾圧を逃れた人々を組織化し、マラヤ人民抗日軍を設立する。これには、マレー人やインド系住民も一部参加した。

日本の占領初期、マラヤ人民抗日軍司令官の集会を日本軍は急襲し、指導者の大半を逮捕・処刑し、壊滅的な打撃を与えていた。しかし、一九四三年半ば以降、各地で華僑の支持を得て勢力を伸ばし、日本の敗戦時には約一万人を擁していた。彼らはジャングル内に基地を持ち、小規模な攻撃を行ったが、「馬来《マレー》の治安は、比島に次て不良なり」と日本軍は認識していた（『史料集　南方の軍政』）。

ビルマでは、英米との開戦当初、アウンサンら民族主義者は日本軍に協力し、日本も支援してイギリスを駆逐。先述したように一九四三年八月に日本から独立が認められ、バモウ政権が成立していた。しかし、日本の軍事支配下、独立は形式的であり国内経済は疲弊、住民虐待も行われていた。一九四四年八月、アウンサン国防大臣兼ビルマ国軍司令官を中心にビルマ国軍・ビルマ共産党・ビルマ革命党らで抗日組織「反ファシスト人民自由連盟」（パサパラ）が秘密裏に結成される。連合国軍が進攻するなか、一九四五年三月にアウンサンの命令により、ビルマ国軍は抗日蜂起し、共産党もゲリラ活動を展開した。日本軍は疲弊し混乱するなか南部のモールメイン方面に撤退、イギリス軍は一九四五年五月にはラングーンを占領する。

インドネシアでは、組織的な抗日運動が全域で広がることはなかったが、時に武装蜂起が起こっていた。最初の抗日武装蜂起は一九四四年二月二五日。西部ジャワのシンガパナルナ村で、イスラム指導者ムスタファに率いられた農民による。ムスタファは、日本による労務者の徴用、食糧の強制供出、政治活動の全面禁止、コーランの教えを戦争目的に利用したことを強く非難していた。経済的に窮乏するなか武装蜂起には二五〇〇人近くが参加したが、九〇分ほどで日本軍に鎮圧され、約九〇名の死者と大量の逮捕者を出した。

一九四五年二月には、ジャワ防衛義勇軍（ペタ）のうち、東部ジャワのブリタル大団が反日武装蜂起する。大団は約五〇〇人から成るペタの部隊である。日本占領下の経済疲弊と労務動員の過酷な状況への不満から独立を求めた蜂起だった。しかし蜂起は日本軍によって短期間で鎮圧され、首謀者は逮捕・処刑されている。

仏印では、一九四五年三月までフランスによる支配を日本が容認しつつ日本軍が駐留していた。これに対して、一九四一年五月にインドシナ共産党のホー・チ・ミンらが「ベトナム独立同盟」（ベトミン）を結成し、フランスへの武装闘争を始めた。当初はベトナムの山岳地帯にとどまっていたが、一九四五年初頭にはベトミン支配による解放区を各地に拡大させていく。一九四五年三月、日本軍が武力処理をして実質的に統治を始めると、攻撃対象は日本へと変わった。

日本の戦局が悪化し、東南アジア各地域の経済状況も悪化するなか、さらに日本や日本軍への忠誠や労働力、物資提供を求められる過酷な状況下、東南アジア各地域の住民は抗日運動を起こし、あるいは武装蜂起し、日本支配の大東亜共栄圏を否定し始めていた。

大東亜共栄圏の崩壊と独立

一九四五年八月、日本の敗戦により、大東亜共栄圏は名実ともに崩壊した。

東南アジア各地では戦後の新しい政治体制がつくられていく。この新しい政治体制は、日本による独立付与とは、直接にはつながっていない。では、東南アジア各地域はどのような道を歩んだのか。

フィリピンでは、民族主義運動が長い歴史を持ち、アメリカ支配下の一九三四年に四六年の独立が定められていたことはすでに述べた。一九四五年三月にアメリカ軍はマニラを占領、日本の敗戦にともないフィリピンは独立を失いアメリカの占領下に置かれたものの、四六年七月四日に戦前のフィリピン・コモンウェルスの組織を引き継ぎ、独立を果たした。

ビルマは、総督率いるビルマ政庁がインドから戻りイギリスによる統治が復活する。イギリスは社会・経済の立て直しのため三年間総督による直接統治を行ったのち、戦前のビルマ統治法を復活させ自治領にする計画だった。しかし、アウンサン率いるパサパラは全面的に反対し、外交交渉と非暴力に基づいた大衆の行動でイギリスに即時独立を求めた。

共産党の伸張を恐れ、インドの独立問題を抱えたイギリスはパサパラに譲歩し、一九四七年一月にアウンサンを代表とする行政参事会の代表団が訪英し交渉、アトリー英首相は一年以内のビルマの独立ないしは自治国化を認めた。その後、アウンサンが暗殺に遭ったりしたがパサパラの粘り強い交渉により、一九四八年一月にイギリスから完全に独立し、ビルマ連邦として共和制国家が成立する。

インドネシアでは、戦前、宗主国オランダが民族主義の動きを強く弾圧していた。スカルノをはじめとする民族主義者たちは日本が占領すると日本に積極的に協力し、一九四四年九月には日本から独立の言質《げんち》を得たが、日本降伏により独立は頓挫するかに見えた。しかし、スカルノやハッタらは急進派の若者に説得され、一九四五年八月一七日朝、インドネシア共和国の独立を宣言する。

だが、再植民地化をめざすオランダはインドネシア支配に固執し、インドネシア独立戦争と呼ばれる戦闘が行われた。結局、独立戦争の主導権が共産党系の指導者に移る可能性を回避したいアメリカや国際世論に支持されて、一九四九年一二月、オランダは主権委譲を認め、インドネシア連邦共和国（翌年八月にインドネシア共和国になる）として独立を達成した。

仏印では、一九四五年三月に日本が武力発動して直接支配下に置いた。日本は仏印をベトナム、カンボジア、ラオスの三つの領域に分け、それぞれ三国に独立宣言をさせる。

ベトナムでは、フランス保護下で名目上の皇帝だったバオ・ダイにベトナム帝国の独立を宣言させ政府をつくり、政治的実権は日本軍が掌握していた。カンボジア国王シアヌーク、ラオスではルアンプラバン王のシー・サワン・ウォンも独立を宣言するが、ベトナムと同様に日本軍の支配下に置かれた。

一九四五年八月一五日の日本の敗戦を機に、ベトナムでは、ベトミンがハノイを占拠しバオ・ダイを退位させ、九月二日にベトナム民主共和国の独立を宣言。ホー・チ・ミンが初代国家主席兼首相に就任した。しかし、翌年一二月からは植民地再建を図るフランス軍と交戦し、第一次インドシナ戦争が始まる。その後は、独立への長い闘争が始まり、一九五四年まではフランス軍と、その後はアメリカ軍との戦争を経て、七五年に南北ベトナムの統一を果たした。

このように、日本の敗戦後、東南アジア各国は、欧米宗主国の再占領や再植民地化の動きに直面する。これに対して、自ら交渉し、あるいは戦争を通して独立を獲得した。日本が与えた独立は敗戦後には無効になった。むしろ降伏した日本軍は、旧宗主国による連合国軍が再占領するまで、現状維持を命じられ、独立運動を抑える役割を果たさねばならなかった。日本人のなかにはインドネシア独立戦争に加わった者が一〇〇〇名近くいたが、あくまで個人の意思とされ日本軍は彼らの行動を認めずに「現地逃亡兵」として扱った。

アジア、特に東南アジアでは、第二次世界大戦前から独立を求めた民族運動が展開していた。この民族運動が、日本であれ欧米宗主国であれ、他民族の支配を退けたのである。

終　章

大東亜共栄圏とは何だったか

場当たり的政策、脆弱な経済

日本は英米への経済依存を断ち切り、自らが盟主となる自立した経済自給圏をつくろうと、大東亜共栄圏の建設に乗り出した。しかし、そうした経済広域圏をつくるには、あまりに準備が不足していた。

大東亜共栄圏の構想が本格的に浮上したのは、一九四〇年四月、ヨーロッパ戦線でドイツが英仏蘭などに攻勢に出て、東南アジアが政治的に不安定になったためだ。国際情勢に乗じたためで、日本が主体的に動いたわけではない。一九三七年七月に始まった日中戦争以後、場当たり的な日本の政策の一つだった。

一九四二年二月に大東亜建設審議会が設置され、具体的な構想の審議が始まったのも、四一年一二月の英米との開戦後であり泥縄の対応だった。それゆえ政策は後手に回った。フィリピン、蘭印、英領マラヤなど東南アジアを占領して圏域に組み込み、経済自給圏の基礎ができても、全体的な運営より、まずは目先の占領地の秩序回復と日本経済維持が最優先された。

問題は政治面だけではない。日本がこの広域圏を円滑にするだけの経済力を持っていなかったことにもよる。大東亜建設審議会で、各省や軍で優先課題が異なり、経済自給圏建設の方法で合意できなかった。このことは日本が経済圏を運営する指導国として、多くの問題を抱えていたことを意味する。また、脆弱な経済力から、圏域内で生産する主要物資の生産目標を過大に設定する必要があった。

一九四一年八月、参謀本部の第二〇班（戦争指導班）の班員だった一人の参謀が、英米との開戦を決意するか苦悩し、次のように書き記している。

ここにおいて帝国が力程もなき大東亜新秩序建設に乗り出せるが、そもそもの誤りならずや　支那事変発足《ママ》が不可なりしならずや　（『機密戦争日誌　上』）

大東亜新秩序とは大東亜共栄圏建設であり、その建設は「力程もなき」ことで、日本の経済的な脆弱性を自覚していた。

大東亜共栄圏の独善性

準備不足とはいえ、新たに支配下に置いた東南アジアに、日本は広域圏形成の政策を実施しなければならなかった。戦争や新たな経済自給圏の建設に占領地の住民を協力させるために、独立を付与したが、戦局が悪化するにつれその必要性はさらに強まった。

日本の戦争指導者たちは、日本が実質的に支配しながら東南アジア各地域を独立させることを考えていた。それは、広域圏形成・維持ために、日本にとって都合がよい独立だった。だが、東南アジア各地域は、すでに戦前から宗主国に独立を求める民族主義運動が形成されていた。日本は民族主義運動を懐柔し利用して、独立付与をちらつかせ、経済広域圏の形成に協力させようとする。しかし、民族主義者たちは、独立を担う政治主体として覚醒《かくせい》していた。日本が想定していた不平等な階層秩序に彼らを置くことは難しかった。外相だった重光葵は、戦局の不利を打開し連合国の戦争目的を打破するために、日本と東南アジア各地域との不平等を隠蔽し、圏内各国の「自主独立」を掲げる大東亜共同宣言を出すことに尽力する。もちろん、大東亜共栄圏の指導は日本が行い、日本の盟主が前提である。

重光の主張は東南アジア地域、対連合国への宣伝工作の意味もあり、「自主独立」ということばは建前として陸海軍に容認された。だが、経済自給圏の運営に齟齬を生んでいく。独立を付与された対日協力政権の指導者たちは、日本の建前を逆手に、自らの要求を実現しようとした。このような行動は、日本がめざした広域圏の秩序を揺るがす。彼らの行動は、東南アジア各地の住民に共振し、東アジアの植民地支配全体にまで影響を与えていく。

日本による独立付与を含んだ不平等な階層秩序とは、東南アジアの人々との対話のなかで生まれたものではない。大東亜共栄圏とは日本の独善性が表れた一方的な構想だった。

大東亜共栄圏の崩壊と日本の敗戦は、英米に経済依存しながら資本主義国家として成長する一方で、アジアで勢力圏を拡大し自立しようとしてきた日本が抱えた矛盾が、限界に達し破綻したと理解すべきだろう。後れた資本主義の日本が歩んだ帰結だった。

国家機構の分立性と総力戦

大東亜共栄圏構想が場当たり的だったことはすでに述べたが、構想を困難にしたのは日本の国家機構が分立的だったことにもよる。大日本帝国憲法下、主権者である天皇に多くの機関が直結し同等の権限を持っていた。こうした構造が総力戦を遂行する経済自給圏形成の障害となった。

総力戦では、国家の総力を結集するため意思決定の集権化を図り、機動的に対応することが求められる。しかし、分立的な国家機構では困難である。構想が進展しなかったのは、政府内の各省や統帥部が同等の立場で、意見を調整するのが難しかった制度の要因も大きかった。

特に経済自給圏の形成にとって制約になった輸送力の低下は、「統帥権の独立」によるところが大きい。参謀本部や軍令部といった統帥部が作戦を優先するために、工業生産維持のために必要な民需用輸送船が数次にわたり徴傭された。天皇に直結し内閣から独立して作戦を立案する統帥部の主張に政府は押し切られ続けた。

輸送力の低下は、陸軍と海軍が同等の立場で、連合国軍に対して作戦方針を統一できなかったことにもよる。陸軍の作戦方針が緒戦の勝利と東南アジアの占領後には大東亜共栄圏の形成の維持に傾くなか、海軍はあくまでも攻勢主義を採り、中部太平洋から南太平洋へと戦線を拡大しようとした。これに引きずられるように、陸軍もこの地域に兵力を投入し、連合国軍の攻撃により軍徴傭船の損耗とさらなる作戦のための徴傭を招いた。

総力戦体制を阻害する分立的な国家機構は、総力戦を支える経済自給圏の形成を困難にしていた。

講和条約による役務賠償――戦後、東南アジアへの再進出

最後に大東亜共栄圏が、戦後に与えた影響について触れておきたい。

一九四五年の敗戦後、帝国日本は解体され、占領地だけでなく植民地だった朝鮮半島や台湾なども領土から切り離された。連合国の占領を経て独立した日本は、まず焦土となった国土の復興に尽力する。それを工業化の面で支えたのが、東南アジアからの鉄鉱石の輸入だった。

独立直後の一九五二年、フィリピンのララップ鉄鉱山（戦前はカランバヤンガン鉄鉱山）と、

八幡製鉄・富士製鉄・日本鋼管が鉄鉱石三〇〇万トンの長期輸入契約を結んだ。戦時中、ララップ鉱山は石原産業に経営が委託されていた。戦後は米比合弁会社が経営に復帰していたが、その会社に一〇〇万ドルの融資をすることで実現する。以後、一九五〇年代は、フィリピンからの鉄鉱石輸入は常に一〇〇万トンを超え、全輸入量の三〇％を占めた（7－1）。

インドやゴア（一九六一年までポルトガル領）からの鉄鉱石も、一九五一年からフィリピンと同様に融資による輸入が始まり、六〇年には合わせて四〇〇万トンを超えた。

マラヤ連邦（英領マラヤから戦後イギリス保護領、一九五七年に独立。六三年にマレーシアに）からも一九四八年から輸入が始まり、五四年にはイギリス当局も日本の開発を承認した。スリメダン鉄鉱山を日本鉱業が開発し技術援助を始め、各地でも開発が行われるようになる。同地域からの鉄鉱石供給は一九六〇年代には六〇〇万トンを超え、海外からの輸入鉱石では第一位を占めるようになった。

このように占領期から東南アジアを中心とした各地域の鉄鉱石が供給され、日本の鉄鋼業復興に大きな役割を果たしていた。

一九六〇年代に入ると、五〇年代半ばからアジア各国との間で賠償・準賠償協定が成立し、経済開発や経済協力プランを、役務賠償プロジェクトとして、日本企業が東南アジアに進出する。

アメリカは冷戦下、日本の復興を最優先し、日本からの賠償の放棄を提起したが、甚大な被害を受けたアジア諸国はこれに反発。一九五一年に締結されたサンフランシスコ講和条約では、日本は役務による賠償となった。役務賠償とは、金銭ではなくサービスや製品・公共施設の建設などによるものだ。日本はこれを自国製品の市場進出の呼び水として考えた。

フィリピン		インド		ゴア	
—		—		—	
—		—		—	
9	2%	8	2%	—	
345	22%	46	3%	5	0.3%
566	40%	36	3%	60	4%
900	29%	153	5%	195	6%
1,182	25%	419	9%	251	5%
1,205	28%	455	11%	252	6%
1,480	30%	758	15%	497	10%
1,616	30%	959	18%	382	7%
1,574	20%	1,293	16%	864	11%
1,451	15%	1,535	16%	1,291	14%
1,152	15%	1,599	21%	792	10%
1,295	12%	1,877	18%	1,404	14%
1,202	8%	1,897	13%	2,542	17%
1,229	6%	1,708	8%	3,163	15%
1,472	7%	2,092	9%	2,412	11%
1,417	5%	2,803	11%	2,998	12%
1,501	5%	3,492	11%	3,215	10%

を基に筆者作成

役務賠償に関係した企業人として久保田豊《くぼたゆたか》が知られる。戦前、朝鮮半島の鴨緑江でのダム建設に、日本窒素のもとであたった久保田は、戦時中に東南アジアの各地のダム建設候補地を視察し多くの現地情報を持っていた。戦後は日本工営という土木技術コンサルタントの会社を興し、日本の

7-1　戦後日本の海外鉄鉱石輸入先別数量と割合，1946～64年
（単位：千トン）

年次	日本の需要量	全輸入量	マレーシア	
46	556	—	—	
47	496	—	—	
48	1,059	501	70	14%
49	2,315	1,554	485	31%
50	2,250	1,425	521	37%
51	3,999	3,089	716	23%
52	5,840	4,768	821	17%
53	5,427	4,290	864	20%
54	6,140	5,005	1,121	22%
55	6,444	5,459	1,632	30%
56	8,927	7,840	2,322	30%
57	10,531	9,381	2,872	31%
58	8,761	7,585	2,387	31%
59	11,580	10,389	3,750	36%
60	16,151	14,861	5,354	36%
61	22,048	20,889	6,640	32%
62	23,272	22,128	6,464	29%
63	27,105	25,975	6,700	26%
64	32,232	31,100	6,622	21%

註記：各国・地域名内の%は，日本の全輸入量に占める割合
出典：西尾滋編『海外鉄鉱資源の開発』（アジア経済研究所，1967年）

役務賠償プロジェクトにダム建設を入れるように働きかける。ダムは電力供給や農業用灌漑など、独立したばかりの東南アジアの新興国には不可欠な公共施設だった。久保田の日本工営はビルマのバルーチャン・ダム発電所、南ベトナムのダニム・ダム発電所など大型プロジェクトを受注する。

重電機輸出や船舶輸出も急速に伸び、日本は市場を獲得していった。重電機輸出は一九五五年に

は七〇〇万ドル、六〇年には三二〇〇万ドル、六五年には一億二六〇〇万ドルに達した。これら賠償事業は、一九六〇年代になると、円借款、海外経済協力基金、政府開発援助により事業を展開し、基盤整備後の開発事業へと発展していく。

断絶と連続――「ジュニア・パートナー」としての日本

日本は独立回復とともに、日米安全保障条約を結んで資本主義陣営の一国として国際復帰した。冷戦下、共産主義を掲げる中華人民共和国が建国し、国交がない日本は戦前最大の市場だった中国を失った。その代替として東南アジア諸地域が、原料の輸入、製品の輸出先として重要な地域となっていく。

日本占領により甚大な被害を受けた東南アジア各地は、日本企業の活動再開に忌避《きひ》感が強かったはずである。しかし冷戦下、東南アジア各地はアメリカの影響下にあり、日本の再進出は可能だった。

占領直後の鉄鉱石の輸入は、アメリカの東南アジア援助政策に便乗するものであり、日本の資本・技術によって実現した。役務賠償は、戦後の新しい国際的な和解の手段でもあった。日米協力のもと東南アジアの開発を行い、東南アジアの共産化を防ぐという目的からも、日本の企業は再び、進出ができたのだ。

戦後の冷戦、植民地の独立、イギリスの撤退とアメリカの覇権という戦後の東南アジアをめぐる新しい国際的枠組みが形成されるなかで、日本は盟主としてではなく、アメリカの「ジュニア・パートナー」（『海の帝国』）として、アメリカに次ぐ二番目の地位にあって、東南アジアへ進出していた。つまり、戦前と戦後の日本と東南アジアを取り巻く国際環境が大きく変化し「断絶」したからこそ、戦前や大東亜共栄圏建設過程で得た人脈や現地情報を利用して、日本企業の再進出という「連続」が可能となったのだ。

大東亜共栄圏という歴史

戦後の国際環境の激変によって、戦前と戦後に大きな「断絶」が生まれ、外部から日本の戦前の行動への責任追及は厳しくなかった。戦前の大東亜共栄圏による自給圏形成の記憶は多くの日本人から徐々に薄れつつあった。

日本の経済進出が顕著な一九七四年、東南アジア諸国を歴訪した田中角栄首相は、タイやインドネシアで激しい反日デモに遭遇する。経済大国化した日本による膨大な輸出、現地感情を無視した日本企業進出が強く非難された。こうした日本への批判は、三〇年前の日本侵攻と決して無関係ではないだろう。

一九七七年、東南アジア諸国を歴訪した福田赳夫首相は、途中マニラで東南アジアの安定的発展と相互依存を重視する姿勢、いわゆる福田ドクトリンを提唱する。日本の軍事大国化の否定、ＡＳＥＡＮ各国と心と心の通う信頼関係の樹立、対等なパートナーとしてＡＳＥＡＮ諸国の平和と安定に寄与するなど、主に三点を主張し、東南アジア諸国との関係修復を図った。以後、日本と東南アジア諸国とは比較的良好な関係が続いている。

冷戦が終わり、二一世紀に入り中国が大きく台頭し、国際環境は変わってきている。東南アジア諸国の日本への評価は近年きわめて高い（『アジアの国民感情』）。それは、戦後一貫した非軍事による日本外交、経済援助があったからだろう。一九七〇年代に経済進出をめぐって批判を受けた際の福田ドクトリン、現地社会との関係を見直した日本企業の努力の積み重ねもあったからだろう。

とはいえ、八〇年近く前、大東亜共栄圏を掲げ、日本の指導のもと東アジア・東南アジア諸地域に圧政を布いた事実は消えることはない。国際社会で一方的かつ独善的な振る舞いをした記憶も消えることはないだろう。

あとがき

この「あとがき」を書き始めた三月一六日の深夜、宮城県は強震に襲われた。何とか身の安全は確保したものの、研究室の本や書類が足下に散乱し、茫然《ぼうぜん》と立ち尽くすしかなかった。そのときに、思い浮かんだのが一一年前の東日本大震災、大津波によって瓦礫に埋もれた沿岸部の街だった。と同時に、ロシアの軍事侵攻を受けて破壊されているウクライナの街並みも思い浮かんだ。

幸いにも今回は大きな津波は起きなかった。地震による被害を減じることはできるが、地震が起きることは防げない。しかし戦争は人が起こすもので防げる。

なぜ戦争は起こるのか、その原因や実態を究明することが戦争を防ぐことにつながるのではないか――。そう考えるようになったきっかけは祖母や父母の存在である。祖母は決して語らなかったが、その人生は戦争に翻弄《ほんろう》されたものだったと、私は成長するにつれて知るようになった。父母も戦争の時代に青春時代を過ごした。祖母や父母と接していて、彼らの人生を大きく変えたアジア・太平洋戦争とはいったいどんなものであり、なぜ起こったのかという問いと、前述の考えは大きくなっていった。もともと城好きであった私は次第に近現代史に関心を移していき、中学校・高校で丁寧に近現代史を教えてくれた恩師たちとの出会いもあって、大学ではアジア・太平洋戦争に関する歴史を学んだ。

大東亜共栄圏をしっかりと意識して学ぶようになったのは、大学二年生のときである。粟屋憲太郎先生のゼミで一年間を通したテーマが大東亜共栄圏だった。ようやく日本の東南アジア占領支配の実態に関心が高まり、研究が進展し始めた時期である。日本は大東亜共栄圏建設をスローガンに戦争を推進したので、戦争開始の原因や戦争の実態を追究するのに適したテーマだと思い学びを始めた。それから、常にではなかったが、気がついたらこのテーマをかれこれ三〇年近く追っていた。

私が大学院生時代だった一九八〇年代から九〇年代は、後藤乾一先生、倉沢愛子先生、中野聡先生などの優れた東南アジア研究者が次々に新しい研究成果を発表し、現地支配の実態を解明して大東亜共栄圏の研究は大きく前進した。現地語や欧米宗主国の言語を使って各地の占領の究明が進むなかで、日本史の視点から研究をし、未熟な私にどんな研究ができるのだろうか、と考える時期でもあった。

そうしたなかで、疋田康行先生の編著書『「南方共栄圏」――戦時日本の東南アジア経済支配』に結実する共同研究で、経済史研究者の方々と一緒に研究をする機会を得た。政治史を学んできた私に、経済史研究はさまざまな示唆を与えてくれた。政治と経済は密接に関連し動いている。経済問題を政治の観点から見る重要性に気がついた。さらに史料を可能な限り探し出し収集すること、地域全体を満遍なく見通すことの大切さもわかった。

それ以後、子どもの頃から持っていた問いと関心を明らかにするためには、政治と経済の関係に注目し、日本語の史料をでき得る限り収集し分析して、日本の意図や動き、特に政策立案と実行過程を解明することが必要であると考えるようになった。また、地域ごとに個別を見るだけでなく、全体の動きを俯瞰《ふかん》して一体として捉えることや各地域のつながりを捉えることも意識した。具体的には東南アジアだけでなく東アジアにも目を向けることである。

ちょうど、この間、日本でも史料公開が進み、次々と新たなことがわかるようになってきていた。アジア歴史資料センターの活用や史料公開の進展を教えてくれたのは、東北の地で異なる視点から共に大東亜共栄圏の研究に取り組んでいる河西晃祐先生である。こうして、私の研究方法もようやく定まっていった。

本書の刊行は、中公新書編集部の白戸直人氏によるところが大きい。本書の企画を打診されたのは、私が東北大学に着任してからすぐの二〇〇六年だったと思う。いまから一六年前のことである。そのときは、中学・高校の専任教員から異動したばかりで余裕がなく、また一冊目の著書で明らかにしたように、開戦前の日本の東南アジア進出に目が向いており、戦争開始後のことについて研究が十分ではなく、執筆する気持ちにはならなかった。しかし、その後も白戸氏は、たびたび私を訪ねて、本書の刊行を勧めてくれた。

本書を書こうと決心したのは二〇一六年だった。二冊目の著書で大東亜建設審議会を解明し、『岩波講座 日本歴史』で大東亜共栄圏についての研究を俯瞰する論文を書いたため、全体像をまとめることができる見通しがついたからである。しかし、その後、東北大学内に部局を横断する日本学国際共同大学院ができることになり、そちらの仕事も引き受けて、国際交流のために頻繁に海外出張をしたため、またしても執筆は滞った。

大きな転機になったのが、二〇一九年一一月に一ヵ月間、ドイツのハイデルベルク大学に滞在したことである。そこで日本近現代史を教えるとともに、大東亜共栄圏について講演をしたり、ワークショップで発表したりした。そのときに海外の研究者に対しても、日本の史料に基づいて大東亜共栄圏について日本側の政策と意図の全体像を明らかにしておくことが必要であると痛感した。ハラルド・フース先生、一緒に滞在した秋田茂先生からは刊行を強く勧められた。

本書の執筆にあたっては、これまでの私の考えや手法を踏まえて、大東亜共栄圏について次の三点を重視した。

第一に圏域経済を動かすモノ・産業・輸送に着目し、それとの関係から政治の展開を検討すること、第二に日本語の第一次史料を駆使して、日本政府・軍による圏域運営での構想と実施過程の両方にあった問題点を、帝国日本の構造に留意しながら明らかにすること、第三に圏域全体を一体として把握し各地の関連に注目することで、東南アジアに目が向きがちな大東亜共栄圏の議論に中国や満州の重要性を提起することである。これらの意図が十分に反映しているかどうか心許ないが、少しでも感じ取っていただければ幸いである。

ドイツから帰国したのち執筆に拍車をかけたが、なかなか読みやすい文章が書けず、白戸氏には文体を含めて丁寧にチェックやアドバイスをしていただき、ようやくまとめることができた。本当に長い間、お世話になった白戸氏には心から感謝を申し上げたい。また、吉田裕先生と武田知己先生には初校を読んでいただき、貴重なアドバイスをいただいた。このことも大きな助けになった。記して深謝の意を表する次第である。

二〇二二年三月三一日

安達宏昭

主要参考文献

◎史料館など所蔵史料

※本文で引用または内容に利用している史料のなかで主要なものを取り上げた。

『柏原兵太郎文書』（国立国会図書館憲政資料室所蔵）

『美濃部洋次文書』（東京大学総合図書館所蔵、雄松堂出版マイクロフィルム版、一九九一年）

『八田嘉明文書』（早稲田大学現代政治経済研究所所蔵、雄松堂出版マイクロフィルム版、一九九五年）

『帝国国防資源』一九一七年八月（防衛省防衛研究所所蔵、アジア歴史資料センター（JACAR）Ref. C12121557800）

「重要産業五箇年計画関係外務省対策（案）」一九三七年（外務省調書（外他115）、外務省外交史料館所蔵、アジア歴史資料センター（JACAR）Ref. B10070134000）

外務省記録『日蘭通商条約関係一件／昭和十五、六年日、蘭会商関係　第二巻』（外務省外交史料館所蔵、アジア歴史資料センター（JACAR）Ref:B04013605100）

商工省『南方問題経済懇談会（大東亜建設方策）』（国立公文書館所蔵、アジア歴史資料センター（JACAR）Ref. A03032020000）

外務省記録『大東亜省設置関係一件　第一巻』（「大東亜省機構関係（閣議決定、枢密院会議、決定セル官制、分課規程、等）」、外務省外交史料館所蔵、アジア歴史資料センター（JACAR）Ref. B14090112800）

外務省記録『大東亜戦争中ノ帝国ノ対南方経済政策関係雑件（支那事変及第二次欧州戦争ヲ含ム）　第一巻』（外務省外交史料館所蔵、アジア歴史資料センター（JACAR）Ref. B08060398600～B08060398700）

外務省記録『大東亜戦争関係一件／中華民国国民政府参戦関係／日華同盟条約関係』（外務省外交史料館所蔵、アジア歴史資料センター（JACAR）Ref. B02032950900）

「日華同盟条約案・大東亜憲章」（外務省記録「昭和一八年二月一七日から昭和一八年四月一四日　昭和十八年四月十八日記　日華同盟条約案大東亜憲章1」『支那事変関係一件 第三十三巻』所収、外務省外交史料館所蔵、アジア歴史資料センター（JACAR）Ref. B02030578800）

外務省記録『帝国議会関係雑件／議会ニ於ケル総理、外務大臣ノ演説関係　第九巻』（「一．第八十二臨時議会／二昭和一八年六月二二日から昭和一八年七月五日」、外務省外交史料館所蔵、アジア歴史資料センター（JACAR）Ref. B02031345600）

外務省記録『大東亜戦争関係一件／「タイ」国問題／失地回復問題（東条首相ノ泰国訪問並日、泰共同声明）』（外務省外交史料館所蔵、アジア歴史資料センター（JACAR）Ref. B02032442600）

外務省記録『大東亜戦争関係一件／緬甸問題／緬甸独立ト日緬同盟条約締結関係』（外務省外交史料館所蔵、アジア歴史資料センター（JACAR）Ref. B02032943400）
外務省記録『大東亜諸条約締結経緯関係一件』（「大東亜諸条約締結経緯関係一件 二．日本国「ビルマ」国間同盟条約」、外務省外交史料館所蔵、アジア歴史資料センター（JACAR）Ref. B04013494600）
外務省記録『大東亜戦争関係一件／比島独立ト日比同盟条約締結関係』（「一．フィリピン独立関係／五．独立準備委員会ニ対スル現地軍支達経過」「独立準備委員会ニ対スル現地軍支達経過」、外務省外交史料館所蔵、アジア歴史資料センター（JACAR）Ref:B02032953300）
外務省記録『大東亜戦争関係一件／比島独立ト日比同盟条約締結関係』（「一．フィリピン独立関係／一．フィリピン独立実施ノ時期及態様ニ関スル一考察」、外務省外交史料館所蔵、アジア歴史資料センター（JACAR）B02032952900）
外務省条約局『昭和十八年度執務報告』一九四三年一二月（外務省外交史料館所蔵、アジア歴史資料センター（JACAR）Ref: B10070299700）
外務省記録『大東亜戦争関係一件／大東亜会議関係』（「三．調書／四」）、外務省外交史料館所蔵、アジア歴史資料センター（JACAR）Ref: B02032958200）
外務省記録『大東亜戦争関係一件／大東亜会議関係』（「一．大東亜会議開催及会議ノ状況／六「フイリピン」国代表所見訳文」、外務省外交史料館所蔵、アジア歴史資料センター（JACAR）Ref:B02032956400）
「第八十四回帝国議会答弁資料（総務局）」（外務省記録『帝国議会関係雑件／説明資料関係／大東亜省支那事務局理財関係第一巻』所収、外務省外交史料館所蔵、アジア歴史資料センター（JACAR）Ref. B05014012700）
外務省記録『大東亜戦争中ノ帝国ノ対南方経済政策関係雑件（支那事変及第二次欧州戦争ヲ含ム）／南方ニ於ケル資源開発事業進捗状況調』（「南方地域ニ於ケル我国ノ資源別投資額（昭和十七、二〇、十三）／綿作」、外務省外交史料館所蔵、アジア歴史資料センター（JACAR）Ref. B08060401400）
大東亜省総務局経済課「第八十五帝国議会　大東亜地域経済施策ニ関スル想定質疑応答」一九四四年八月三一日」（外務省記録『帝国議会関係雑件／説明資料関係 第二十五巻』所収、外務省外交史料館所蔵、アジア歴史資料センター（JACAR）Ref. B02031388700）
Japan Ministry of Foreign Affairs,1868–1945 : WT Series, Reel 52（国立国会図書館憲政史料室所蔵マイクロフィルム）
『満洲国食糧事情繊維事情其他対日協力ノ現状』（『今吉敏雄文書』国文学研究資料館図書館所蔵）
日満農政研究会東京事務局『農林計画委員会答申書：大東亜建設審議会答申書』一九四二年七月（農林水産研究情報総合センター所蔵）

◎資料書籍・記録・刊行史料集など
アメリカ合衆国戦略爆撃調査団・石油・化学部報告『日本における戦争と石油』（石油評論社、一九八六年）
伊藤隆・渡邊行男編『重光葵手記』（中央公論社、一九八六年）
伊藤隆・渡邊行男編『続重光手記』（中央公論社、一九八八年）
伊藤隆・廣橋眞光・片島紀男編『東条内閣総理大臣機密記録』

（東京大学出版会、一九九〇年）
稲葉正夫ほか編『太平洋戦争への道　別巻（資料編）』（朝日新聞社、一九六三年）
『上島清蔵遺稿　ヨーロッパ東南アジヤ紀行』（ときわ書房、一九六九年）
大井篤『海上護衛参謀の回想』（原書房、一九七五年）
外務省編『日本外交年表並主要文書』下巻（日本国際協会、一九六六年）
『外務省執務報告　通商局　第二巻（昭和一二年）』（クレス出版、一九九五年）
企画院研究会『行政機構改革と大東亜省』（同盟通信社、一九四三年）
企画院研究会『大東亜建設の基本綱領』（同盟通信社、一九四三年）
企画院研究会『大東亜国土計画』（同盟通信社、一九四三年）
軍事史学会編『大本営陸軍部戦争指導班　機密戦争日誌　上』（錦正社、一九九八年）
軍事史学会編『大本営陸軍部戦争指導班　機密戦争日誌　下』（錦正社、一九九八年）
『現代史資料一〇　日中戦争3』（みすず書房、一九六四年）
『現代史資料四三　国家総動員1』（みすず書房、一九七〇年）
参謀本部編『杉山メモ（上）』（原書房、一九六七年）
参謀本部編『杉山メモ（下）』（原書房、一九六七年）
参謀本部所蔵『敗戦の記録』（原書房、一九六七年）
重光葵『昭和の動乱』上下巻（中央公論社、一九五二年）
『重光葵・外交意見書集』第二巻（現代史料出版、二〇〇七年）
支那駐屯軍司令部『北支・満洲ノ重要資源比較ト北支ノ重要性』（一九三六年三月）
白石幸三郎「比律賓より帰りて」（『大日本紡績連合会月報』五九六号、一九四二年六月二五日）
人口問題研究会『人口・民族・国土』（刀江書院、一九四一年）
『大東亜建設審議会関係史料』全四巻（復刻版、龍渓書舎、一九九五年）
大東亜省『北支蒙疆産業視察団報告』（一九四四年五月）
大東亜省連絡委員会第一部会『南方経済対策（改訂版）』（一九四三年七月三一日現在）
高岡定吉『比島棉作史』（比島棉作史編集委員会、一九八八年）
帝国石油社史編さん委員会編『帝国石油五十年史　海外編』（一九九二年）
徳富猪一郎『大正の青年と帝国の前途』（民友社、一九一六年）
西尾滋編『海外鉄鉱資源の開発』（アジア経済研究所、一九六七年）
日本軽金属株式会社『日本軽金属二十年史』（一九五九年）
「日本の英領マラヤ・シンガポール占領期史料調査」フォーラム編『インタビュー記録　日本の英領マラヤ・シンガポール占領（一九四一〜四五年）』（龍渓書舎、一九九八年）
燃料懇話会『日本海軍燃料史（上）』（原書房、一九七二年）
深井英五『枢密院重要議事覚書』（岩波書店、一九五三年）
古河鉱業株式会社『創業一〇〇年史』（一九七六年）
防衛庁防衛研究所戦史室『戦史叢書　海軍軍戦備1』（朝雲新聞社、一九六九年）
防衛庁防衛研究所戦史部『戦史叢書　シッタン・明号作戦』（朝雲新聞社、一九六九年）
防衛庁防衛研究所戦史部『史料集　南方の軍政』（朝雲新聞社、

一九八五年）
満洲開拓史刊行会『満洲開拓史』（一九六六年）
三井銀行調査課『満州国視察報告書』（一九三五年七月）
三井金属鉱業修史委員会事務局編『三井金属修史論叢』別冊第一号（マンカヤン特集、一九七四年）
三井金属鉱業修史委員会事務局編『三井金属修史論叢』別冊第二号（ボードゥィン特集、一九七六年）
三井鉱山株式会社『男たちの世紀―三井鉱山の百年』（一九九〇年）
森本武志『ジャワ防衛義勇軍史』（龍渓書舎、一九九二年）
山越道三「昭和一八年一二月　軍政下ニ於ケル比島産業ノ推移」（大久保達正ほか編『昭和社会経済史料集成　第二二巻（海軍省資料二二）』（大東文化大学東洋研究所、一九九六年）
『渡邊渡少将軍政関係史・資料』全五巻（龍渓書舎、一九九八年）

◎書　籍（研究書）

明石陽至編『日本占領下の英領マラヤ・シンガポール』（岩波書店、二〇〇一年）
安達宏昭『戦前期日本と東南アジア―資源獲得の視点から―』（吉川弘文館、二〇〇二年）
安達宏昭『「大東亜共栄圏」の経済構想―圏内産業と大東亜建設審議会―』（吉川弘文館、二〇一三年）
荒川憲一『戦時経済体制の構想と展開』（岩波書店、二〇一一年）
池端雪浦編『日本占領下のフィリピン』（岩波書店、一九九六年）
岩武照彦『南方軍政下の経済施策』上・下巻（汲古書院、一九八一年）
岩武照彦『南方軍政論集』（巌南堂書店、一九八九年）
江口圭一『十五年戦争小史』（青木書店、一九八六年）
江口圭一『十五年戦争史論』（校倉書房、二〇〇一年）
NHK取材班編『日米開戦勝算なし』（角川文庫、一九九五年）
加藤陽子『模索する一九三〇年代』（山川出版社、一九九三年）
加藤陽子『満州事変から日中戦争へ』（岩波新書、二〇〇七年）
河西晃祐『帝国日本の拡張と崩壊―「大東亜共栄圏」への歴史的展開』（法政大学出版局、二〇一二年）
河西晃祐『大東亜共栄圏―帝国日本の南方体験』（講談社選書メチエ、二〇一六年）
倉沢愛子『日本占領下のジャワ農村の変容』（草思社、一九九二年）
倉沢愛子編『東南アジア史のなかの日本占領』（早稲田大学出版部、一九九七年）
倉沢愛子『資源の戦争―「大東亜共栄圏」の人流・物流―』（岩波書店、二〇一二年）
纐纈厚『日本政治研究の諸相』（明治大学出版会、二〇一九年）
後藤乾一『日本占領期インドネシア研究』（龍渓書舎、一九八九年）
小林英夫『「大東亜共栄圏」の形成と崩壊』（お茶の水書房、一九七五年）
小林英夫『日本企業のアジア進出―アジア通貨危機の歴史的背景』（日本経済評論社、二〇〇〇年）
白石隆『海の帝国―アジアをどう考えるか―』（中公新書、二〇〇〇年）

白木沢旭児『日中戦争と大陸経済建設』（吉川弘文館、二〇一六年）
鈴木恒之『スカルノ―インドネシアの民族形成と国民国家―』（山川出版社、二〇一九年）
園田茂人『アジアの国民感情』（中公新書、二〇二〇年）
高岡裕之『総力戦体制と「福祉国家」―戦時期日本の「社会改革」構想―』（岩波書店、二〇一一年）
高村直助『近代日本綿業と中国』（東京大学出版会、一九八二年）
武島良成『日本占領とビルマの民族運動―タキン勢力の政治的上昇―』（龍渓書舎、二〇〇三年）
武島良成『「大東亜共栄圏」の「独立」ビルマ―日緬の政治的攻防と住民の戦争被害―』（ミネルヴァ書房、二〇二〇年）
武田知己『重光葵と戦後政治』（吉川弘文館、二〇〇二年）
中野聡『フィリピン独立問題史―独立法問題をめぐる米比関係史の研究（一九二九―四六年）』（龍渓書舎、一九九七年）
中野聡『東南アジア占領と日本人―帝国・日本の解体―』（岩波書店、二〇一二年）
永野慎一郎・近藤正臣編『日本の戦後賠償―アジア経済協力の出発―』（勁草書房、一九九九年）
中村隆英『戦時日本の華北経済支配』（山川出版社、一九八三年）
奈倉文二『日本鉄鋼業史の研究』（近藤出版社、一九八四年）
日本植民地研究会編『日本植民研究の現状と課題』（アテネ社、二〇〇八年）
日本植民地研究会編『日本植民地研究の論点』（岩波書店、二〇一八年）
根本敬『抵抗と協力のはざま―近代ビルマ史のなかのイギリスと日本―』（岩波書店、二〇一〇年）
波多野澄雄『太平洋戦争とアジア外交』（東京大学出版会、一九九六年）
馬場明『日中関係と外政機構の研究―大正・昭和期―』（原書房、一九八三年）
林博史『華僑虐殺―日本軍支配下のマレー半島』（すずさわ書店、一九九二年）
林博史『裁かれた戦争犯罪―イギリスの対日戦犯裁判』（岩波書店、一九九八年）
林博史『シンガポール華僑粛清』（高文研、二〇〇七年）
原朗『日本戦時経済研究』（東京大学出版会、二〇一三年）
疋田康行編『「南方共栄圏」―戦時日本の東南アジア経済支配―』（多賀出版、一九九五年）
松浦正孝『「大東亜戦争」はなぜ起きたのか―汎アジア主義の政治経済史―』（名古屋大学出版会、二〇一〇年）
森山優『日米開戦の政治過程』（吉川弘文館、一九九八年）
山崎志郎『戦時経済動員体制の研究』（日本経済評論社、二〇一一年）
山崎志郎『物資動員計画と共栄圏構想の形成』（日本経済評論社、二〇一二年）
山崎志郎『太平洋戦争期の物資動員計画』（日本経済評論社、二〇一六年）
山本有造『「満洲国」経済史研究』（名古屋大学出版会、二〇〇三年）
山本有造『「大東亜共栄圏」経済史研究』（名古屋大学出版会、二〇一一年）

ヤン・M・プルヴィーア（長井信一監訳）『東南アジア現代史』下巻（東洋経済新報社、一九七七年）
吉田裕『アジア・太平洋戦争』（岩波新書、二〇〇七年）
吉田裕・森茂樹『アジア・太平洋戦争』（吉川弘文館、二〇〇七年）

◎学術論文など

明石陽至「日本軍政下のマラヤ・シンガポールにおける文教施策」（倉沢愛子編『東南アジア史のなかの日本占領』早稲田大学出版部、一九九七年）
安達宏昭「「大東亜共栄圏」論」（『岩波講座　日本歴史』第一八巻、近代4、岩波書店、二〇一五年）
安達宏昭「「決戦段階」期における「大東亜」経済政策の展開―大東亜省の対「満支」施策を中心に―」（『歴史』第一二六号、二〇一六年四月）
安達宏昭「戦時期日本における長期的産業建設目標―「大東亜共栄圏」構想下での形成過程―」（『東北大学文学研究科研究年報』第七〇号、二〇二一年）
安部彦太「大東亜戦争の計数的分析」（近藤新治編『近代日本戦争史　第四編　大東亜戦争』同台経済懇話会、一九九五年）
内海愛子「加害と被害―民間人の抑留をめぐって」（歴史学研究会編『講座世界史八　戦争と民衆』東京大学出版会、一九九六年）
内海愛子「敵国人の抑留―ジャワのオランダ人」（『上智アジア学』一九巻、二〇〇一年）
江口圭一「一九一〇―三〇年代の日本―アジア支配への途」（『岩波講座　日本通史』第一八巻、近代3、岩波書店、一九九三年）
岡部牧夫・小田部雄次「「大東亜共栄圏」の支配と矛盾」（藤原彰・今井清一編『十五年戦争史3』青木書店、一九八九年）
岡部牧夫「日本の敗戦とアジア諸国の独立」（浅田喬二編『近代日本の軌跡　「帝国」日本とアジア』吉川弘文館、一九九四年）
岡部牧夫「「大東亜共栄圏」論」（歴史学研究会編『講座世界史8』東京大学出版会、一九九六年）
河西晃祐「「独立」国という「桎梏」」（『岩波講座　東アジア近現代通史』第六巻、岩波書店、二〇一一年）
倉沢愛子「二〇世紀アジアの戦争」（『岩波講座　アジア・太平洋戦争』岩波書店、二〇〇五年）
後藤乾一「「大東亜共栄圏」の実像」（浅田喬二編『近代日本の軌跡　「帝国」日本とアジア』吉川弘文館、一九九四年）
白石昌也「アジア太平洋戦争期のベトナム」（『岩波講座　東アジア近現代通史』第六巻、岩波書店、二〇一一年）
鈴木晟「日本戦争経済とアメリカ」（『国際政治』第九七号、一九九一年）
鈴木隆史「日中戦争」（藤原彰・今井清一編『十五年戦争史2』青木書店、一九八八年）
平智之「経済制裁下の対外経済」（原朗編『日本の戦時経済』東京大学出版会、一九九五年）
武田知己「第二次世界大戦期における国際情勢認識と対外構想―戦争のなかの戦後―」（『日本の外交』第一巻、岩波書店、二〇一三年）
都丸潤子「戦後日本の対マラヤ復交とイギリス―賠償なき関係

回復（一九四五～六一年）」（『国際政治』第一二四号、二〇〇〇年五月）
長島修「『大東亜共栄圏』と鉄鋼業」（『立命館平和研究』第一六号、二〇一五年三月）
長島修「南方軍政下の鉄鋼業―日本製鉄マライ木炭銑事業を中心に―」（『日本植民地研究』第二八号、二〇一六年六月）
長島修「南方軍政下の日本企業」（『立命館経営学』二〇一七年三月）
長島修「南方軍事占領下における日本鉄鋼業の展開」（『社会システム研究』第三六号、二〇一八年三月）
長島修「アジア・太平洋戦争後半期における小型溶鉱炉の建設と操業」（『社会システム研究』第四〇号、二〇二〇年三月）
中野聡「宥和と圧制―消極的占領体制とその行方―」（池端雪浦『日本占領下のフィリピン』岩波書店、一九九六年）
中野聡「植民地統治と南方軍政」（『岩波講座アジア・太平洋戦争7』岩波書店、二〇〇六年）
橋谷弘「書評：疋田康行編著『「南方共栄圏」：戦時日本の東南アジア経済支配』」（『史学雑誌』第一〇六編第一号、一九九七年）
原朗「「大東亜共栄圏」の経済的実態」（『土地制度史学』第七一号、一九七六年）
原不二夫「華僑の民族主義と中国・日本」（『岩波講座　東アジア近現代通史』第六巻、岩波書店、二〇一一年）
疋田康行「戦時経済統制と独占」（中村政則編『体系・日本現代史　第四巻』日本評論社、一九七九年）
古田元夫「日本軍による支配の実態と民衆の抵抗・ベトナム」（『歴史評論』第五〇八号、一九九二年八月）
古厩忠夫「日中戦争と占領地経済」（中央大学人文科学研究所編『日中戦争』中央大学出版部、一九九三年）
松永典子『「国語」教育から『東亜の日本語』教育への道―植民地・占領地の日本語教育―』（九州大学日本語教育研究会編『日本語教育研究一九九七』一九九七年）
松本俊郎「日本帝国主義の資源問題」（中村政則編『体系・日本現代史　第四巻』日本評論社、一九七九年）
宮島英昭「戦時経済下の自由主義経済論と統制経済論」（坂野潤治ほか編『シリーズ　日本近現代史三　現代社会への転形』岩波書店、一九九三年）
リカルド・T・ホセ「信念の対決―「ラウレル共和国」と日本の戦時外交関係　一九四三～一九四五年」（池端雪浦・リディア・N・ユー・ホセ編『近現代日本・フィリピン関係史』岩波書店、二〇〇四年）

	9	米軍，長崎に原子爆弾投下
	14	御前会議，ポツダム宣言受諾を決定，中立国を通じて連合国に申し入れ
	15	天皇による戦争終結の詔書の放送（玉音放送）
	17	スカルノ，インドネシア共和国の独立を宣言（その後，オランダとの独立戦争〜49. 12. 27）
9	2	ホー・チ・ミンら，ベトナム民主共和国独立宣言（その後，仏・米とのベトナム戦争．〜75年）
	2	日本，連合国への降伏文書調印

主要図版出典一覧

国立国会図書館　30，33頁
共同通信　155頁上
保坂正康『陸軍良識派の研究』（光人社，1996年）　86頁
三井金属鉱業修史委員会事務局編『三井金属修史論叢』別冊第２号（1976年）　101頁
高岡定吉『比島棉作史』（比島棉作史編集委員会，1988年）　166頁

		28	英米ソ首脳，テヘラン会談．第2戦線構築，ソ連の対日参戦など協議
	12	21	内閣，「日満食糧自給に関する措置要綱」を閣議決定
		28	大東亜建設審議会総会，「大東亜地域の食糧増産方策に関する答申」と「大東亜地域の繊維原料増産方策に関する答申」を決定，翌年1月7日に内閣に答申．内閣は2月15日にこの2つの答申を「政府施策の参考」に閣議決定
1944	2	17	米軍，トラック島を急襲，多数の艦船・航空機を喪失
	6	6	連合国軍，ノルマンディー上陸（第2戦線結成）
		15	米軍，サイパン島に上陸． 7．7守備隊約3万人全滅，住民死者約1万人
		19	マリアナ沖海戦，日本海軍は空母・航空機の大半を喪失
	7	18	東条内閣総辞職
		21	米軍，グアム島に上陸， 8．10守備隊全滅
		22	小磯国昭内閣成立
		24	米軍，テニアン島上陸． 8．3守備隊全滅
	8	5	大本営政府連絡会議，最高戦争指導会議と改称
		19	最高戦争指導会議，「世界情勢判断」および「今後採るべき戦争指導の大綱」を決定
		25	連合国軍，パリ入城
	9	7	小磯首相，議会演説で，蘭印に独立を許容する声明を発表
	10	18	大本営，捷1号作戦発動命令，フィリピン方面で決戦を行う方針
		20	米軍，フィリピン中部のレイテ島に上陸
		24	レイテ沖海戦
1945	1	9	米軍，ルソン島に上陸
	2	3	米軍，マニラに進入
		4	英米ソの首脳，ヤルタ会談を開催
		19	米軍，硫黄島に上陸． 3．17守備隊全滅
	3	9	東京大空襲
		9	日本軍，仏印の仏軍を攻撃し，インドシナ半島を掌握
		27	ビルマ国軍を中心に対日蜂起
	4	1	米軍，沖縄本島に上陸　6．23日本軍の組織的抵抗終結
		7	鈴木貫太郎内閣成立
	5	8	独軍，連合国軍に無条件降伏
	7	26	ポツダム宣言発表
	8	6	米軍，広島に原子爆弾投下
		8	ソ連，対日宣戦布告，北満，朝鮮，樺太などに進攻開始

	26	大本営政府連絡会議,「大東亜政略指導大綱に基づく対泰対緬方策の実行に関する件」を決定
	29	大本営政府連絡会議,「船舶の徴用ならびに補塡に関する件」を決定
	30	東条首相, 東南アジア歴訪に出発（〜7.12）
	30	米軍, ソロモン群島中部のレンドバ島, ニューギニア島北岸のナッソウ湾に進出, 7.3ニュージョージア島に上陸
7	10	連合国軍, 伊・シチリア島に上陸
	14	大本営政府連絡会議,「対支緊急経済施策に関する件」を決定
	19	大本営政府連絡会議,「日本国「ビルマ」国同盟条約案」を了解
	31	大本営政府連絡会議,「マライ」および「シヤン」地方における「タイ」国の領土に関する日本国「タイ」国間条約締結を了解
8	1	ビルマ国独立宣言, 英米に宣戦布告. 日本・ビルマ同盟条約調印
	20	大本営政府連絡会議,「日本国中華民国間同盟条約」を了解
9	4	米・豪軍, ニューギニアのラエ・サラモアに上陸, 9.22フィンシハーフェンに上陸（飛び石作戦開始）
	8	伊, 連合国に無条件降伏
	30	御前会議,「今後採るべき戦争指導の大綱」および「「今後採るべき戦争指導の大綱」に基づく当面の緊急措置に関する件」を決定, 絶対国防圏の設定, 徴傭船の増徴決定
10	9	大本営政府連絡会議,「インド仮政府承認に関する件」を決定
	14	フィリピン共和国独立宣言. 日比同盟条約調印
	23	大本営政府連絡会議,「大東亜共同宣言」を了解
	30	汪兆銘政権と日華同盟条約を締結, 日華基本条約は失効となる
11	1	軍需省, 運輸通信省, 農商省発足
	5	東京で大東亜会議開催
	6	大東亜共同宣言を採択
	22	内閣,「満州国緊急農地造成計画に対する協力援助に関する件」を閣議決定
	22	英米中首脳, カイロ会談. 11.27カイロ宣言に署名（12.1発表）

	8	7	南方軍軍政総監部「軍政総監指示」
		7	米海兵隊，ソロモン群島のツラギ・ガダルカナル島に上陸
		21	ガダルカナル島奪回のために上陸した一木支隊ほぼ全滅
		21	大東亜建設審議会の答申を「施策の基準」という扱いに閣議決定
	9	1	内閣，「大東亜省設置に関する件」を閣議決定
		12	ガダルカナル島で，川口支隊攻撃，9.14失敗
	10	24	ガダルカナル島で，第2師団総攻撃，翌日失敗
		26	ガダルカナル島の確保をめぐって，南太平洋海戦
	11	1	大東亜省発足
		1	内閣，「大東亜省連絡委員会部会に関する件」を閣議決定，第六委員会を廃止し，その任務を大東亜省連絡委員会が引き継ぐ
		27	内閣，「臨時生産増強委員会設置要綱」を閣議決定
	12	5	船舶徴傭問題で参謀本部と陸軍省が衝突し，2日後，作戦部長田中新一が罷免されて妥協が成立
		10	御前会議，「当面の戦争指導上作戦と物的国力との調整並に国力の維持増進に関する件」を決定
		21	御前会議，「大東亜戦争完遂の為の対支処理根本方針」を決定
		24	内閣，「小型熔鉱炉建設方針に関する件」を閣議決定
		31	大本営，ガダルカナル島撤退を決定
1943	1	9	汪兆銘政権との間で日華共同宣言を発表
		14	大本営政府連絡会議，「占領地帰属腹案」および「大東亜戦争完遂のためのビルマ独立施策に関する件」を決定
		14	ルーズベルトとチャーチル，カサブランカ会談．枢軸国の無条件降伏の原則を決定
	3	10	大本営政府連絡会議，「ビルマ独立指導要綱」を決定
	4	20	東条内閣改造，外相に重光葵，内相に安藤紀三郎就任
	5	10	大東亜省，「華北軽金属株式会社設置要綱」を決定
		12	独軍，北アフリカ戦線で降伏
		12	米軍，アッツ島に上陸，5.29日本軍全滅
		29	大東亜省連絡委員会第1部会，「南方甲地域経済対策要綱」を決定，6.12大本営政府連絡会議報告
		31	御前会議，「大東亜政略指導大綱」を決定
	6	16	東条首相，第82帝国議会で演説（大東亜宣言）
		26	大本営政府連絡会議，「比島独立指導要綱」などを決定

		28	蘭印，日蘭民間石油協定の停止
	8	1	米，対日石油禁輸
		30	重要産業団体令公布
	9	6	御前会議，「帝国国策遂行要領」を決定
	10	18	東条英機内閣成立
	11	5	御前会議，「帝国国策遂行要領」などを決定．対英米蘭戦争を決意し，武力発動の時期を12月初旬に決定
		15	大本営政府連絡会議，「対英米蘭蔣戦争終末促進に関する腹案」を決定
		20	大本営政府連絡会議，「南方占領地行政実施要領」を決定
		26	ハル米国務長官，いわゆるハル・ノートを提示
		28	内閣，「第六委員会設置に関する件」を閣議決定
	12	1	御前会議，対英米蘭開戦を決定
		8	アジア・太平洋戦争始まる
		12	関係閣僚会議，「南方経済対策要綱」を決定
		31	内閣，「満州開拓第2期5ヵ年計画要綱」を閣議決定
1942	1	2	日本軍，フィリピン首都マニラ占領
		15	大本営政府連絡会議，「総理大臣施政演説中対外処理方針の件」を決定
		20	内閣，「南方経済処理に関する件」を閣議決定
	2	10	内閣，「大東亜建設審議会設置に関する件」を閣議決定
		14	大本営政府連絡会議，「華僑対策要綱」を決定
		15	シンガポールの英軍，日本に降伏
	3	8	日本軍，ビルマのラングーンを占領
		9	ジャワ島の蘭印軍，日本に降伏
	4	6	農林省農林計画委員会戦時食糧部会，「主要農産物対策要綱」を決定
	5	1	日本軍，ビルマのマンダレーを占領，南方侵攻作戦が一段落する
		4	大東亜建設審議会，総会で「大東亜建設に関する基礎要件」と答申「大東亜経済建設基本方策」を決定
		21	大東亜建設審議会，総会で答申「大東亜建設に処する文教政策答申」などを決定
	6	5	ミッドウェー海戦（～6．7）
	7	1	大東亜建設審議会，総会で答申「大東亜の農業，林業，水産業及畜産業に関する方策答申」などを決定
		23	大東亜建設審議会，総会で答申「大東亜産業（鉱業，工業及電力）基本方策」などを決定

	7	26	米，日米通商航海条約の破棄を通告（40. 1.26失効）
	9	1	独軍，ポーランド侵攻．第2次世界大戦始まる
1940	5	1	独軍，西部戦線で攻撃開始
		15	オランダ軍，独軍に降伏（5.13オランダ国王と政府は英に亡命政権樹立）
	6	14	独軍，パリに無血入城，6.16ペタン親独内閣が仏に成立し，休戦提議
	7	22	第2次近衛文麿内閣成立
		26	内閣，「基本国策要綱」を閣議決定
		27	大本営政府連絡会議，「世界情勢の推移に伴う時局処理要綱」を決定
		31	米，西半球以外への航空機用ガソリンの輸出禁止
	8	1	松岡洋右外相，「大東亜共栄圏」の確立を記者会見で発表
		16	内閣，「南方経済施策要綱」を閣議決定
		30	松岡・アンリ協定成立．北部仏印への日本軍進駐に関する公文交換
	9	13	日・蘭印経済交渉開始（小林一三商工相が蘭印のバタビアで始める）
		23	日本軍，北部仏印進駐
		24	内閣，「国土計画設定要綱」を閣議決定
		27	日独伊三国同盟締結
	10	3	内閣，「日満支経済建設要綱」を閣議決定
		16	米，西半球以外への屑鉄の輸出禁止
		18	日・仏印経済交渉開始（代表の松宮順がハノイで始める）
	11	30	日華基本条約を汪兆銘政権と締結
1941	1	20	松岡洋右外相，泰・仏印国境紛争の調停申し入れ，3.11公文署名
		22	内閣，「人口政策確立要綱」を閣議決定
	4	13	日ソ中立条約調印
		26	鉄鋼統制会設立，11.20に重要産業団体令による統制会となる
	5	6	仏印に関する日仏居住航海条約調印
	6	17	蘭印特派大使芳沢謙吉，蘭印総督に交渉打ち切りを伝達
	7	2	御前会議，「情勢の推移に伴う帝国国策要綱」を決定
		23	日・仏印間に南部仏印進駐の細目合意，7.28日本軍，南部仏印進駐
		25	米，在米日本資産を凍結，7.26英，7.27蘭印も日本資産凍結

大東亜共栄圏 関連年表

年	月	日	出来事
1914	7	28	第１次世界大戦始まる
1917	8		陸軍が『帝国国防資源』をまとめる
1918	4	17	軍需工業動員法公布
	11	11	第１次世界大戦終わる
1920	1	10	国際連盟発足
1922	2	6	ワシントン会議で，海軍軍縮条約，中国に関する９ヵ国条約などを調印
1929	6	27	パリ不戦条約を日本政府が批准
	10	24	世界恐慌始まる
1931	6		関東軍「満蒙問題私見」をまとめる
	9	18	柳条湖事件，満州事変勃発
1932	3	1	満州国建国宣言
	9	15	日満議定書調印（日本政府，満州国を承認）
1933	3	27	国際連盟脱退（日本政府，通告文を通知）
	4	6	日本製鉄株式会社法公布（34. 1 . 29同社設立）
1934	3	28	石油業法公布，精製・輸入業の許可制や貯油の義務化
		30	内閣，「日満経済統制方策要綱」を閣議決定
	10	10	陸軍省新聞班が『国防の本義と其強化の提唱』を発行
1935	6	21	日本アルミニウム株式会社設立，台湾に工場
1936	1	13	日本政府，第１次北支処理要綱を決定．華北５省の国民党中央政府からの分離促進
	8	25	「二十ヵ年百万戸送出計画」を広田内閣が国策として確定
	11	25	日独防共協定成立
1937	4	1	「満州産業開発五ヵ年計画」の開始
	7	7	盧溝橋事件（日中戦争勃発）
	10	25	内閣，企画院を設置
	11	20	大本営設置
1938	1	16	1938年度物資動員計画を閣議決定（物資動員計画の開始）
	4	1	国家総動員法公布
	11	3	近衛文麿首相，東亜新秩序建設を声明
		7	北支那開発株式会社・中支那振興株式会社設立
	12	16	内閣，興亜院を設置
1939	6	14	日本軍，天津英仏租界を封鎖

安達宏昭（あだち・ひろあき）

1965（昭和40）年東京都生まれ．88年立教大学文学部史学科卒業．2000年立教大学大学院文学研究科史学専攻博士課程後期課程修了．博士（文学）．03年東北大学大学院文学研究科助教授，准教授を経て，13年より東北大学大学院文学研究科教授．専攻，日本近現代史．

著書『戦前期日本と東南アジア――資源獲得の視点から』（吉川弘文館，2002年）
『「大東亜共栄圏」の経済構想――圏内産業と大東亜建設審議会』（吉川弘文館，2013年）
他共著多数

大東亜共栄圏《だいとうあきょうえいけん》
中公新書 *2707*

2022年 7 月25日発行

著 者 安達宏昭
発行者 安部順一

本文印刷 三晃印刷
カバー印刷 大熊整美堂
製 本 小泉製本

発行所 中央公論新社
〒100-8152
東京都千代田区大手町 1-7-1
電話 販売 03-5299-1730
編集 03-5299-1830
URL https://www.chuko.co.jp/

Published by CHUOKORON-SHINSHA, INC.
Printed in Japan ISBN978-4-12-102707-8 C1221

中公新書刊行のことば

一九六二年一一月

　いまからちょうど五世紀まえ、グーテンベルクが近代印刷術を発明したとき、書物の大量生産は潜在的可能性を獲得し、いまからちょうど一世紀まえ、世界のおもな文明国で義務教育制度が採用されたとき、書物の大量需要の潜在性が形成された。この二つの潜在性がはげしく現実化したのが現代である。

　いまや、書物によって視野を拡大し、変りゆく世界に豊かに対応しようとする強い要求を私たちは抑えることができない。この要求にこたえる義務を、今日の書物は背負っている。だが、その義務は、たんに専門的知識の通俗化をはかることによって果たされるものでもなく、通俗的好奇心にうったえて、いたずらに発行部数の巨大さを誇ることによって果たされるものでもない。現代を真摯に生きようとする読者に、真に知るに価いする知識だけを選びだして提供すること、これが中公新書の最大の目標である。

　私たちは、知識として錯覚しているものによってしばしば動かされ、裏切られる。私たちは、作為によってあたえられた知識のうえに生きることがあまりに多く、ゆるぎない事実を通して思索することがあまりにすくない。中公新書が、その一貫した特色として自らに課すものは、この事実のみの持つ無条件の説得力を発揮させることである。現代にあらたな意味を投げかけるべく待機している過去の歴史的事実もまた、中公新書によって数多く発掘されるであろう。

　中公新書は、現代を自らの眼で見つめようとする、逞しい知的な読者の活力となることを欲している。

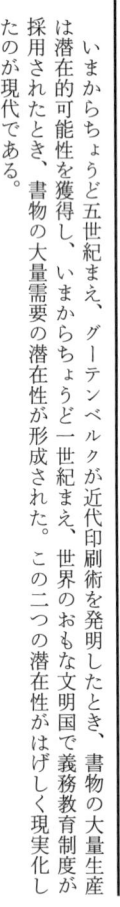

中公新書

世界史

e1

中公新書

現代史

f 1

2105 昭和天皇 古川隆久
2687 天皇家の恋愛 森暢平
2309 朝鮮王公族—帝国日本の準皇族 新城道彦
2482 日本統治下の朝鮮 木村光彦
632 海軍と日本 池田清
2703 帝国日本のプロパガンダ 貴志俊彦
2192 政友会と民政党 井上寿一
1138 キメラ—満洲国の肖像(増補版) 山室信一
2348 日本陸軍とモンゴル 楊海英
2144 昭和陸軍の軌跡 川田稔
2587 五・一五事件 小山俊樹
76 二・二六事件(増補改版) 高橋正衛
2059 外務省革新派 戸部良一
1951 広田弘毅 服部龍二
2657 平沼騏一郎 萩原淳
795 南京事件(増補版) 秦郁彦
84 90 太平洋戦争(上下) 児島襄
2465 日本軍兵士—アジア・太平洋戦争の現実 吉田裕
2387 戦艦武蔵 一ノ瀬俊也
2525 硫黄島《いおうとう》 石原俊
2337 特攻—戦争と日本人 栗原俊雄
244 248 東京裁判(上下) 児島襄
2015 「大日本帝国」崩壊 加藤聖文
2296 日本占領史 1945-1952 福永文夫
2411 シベリア抑留 富田武
2471 戦前日本のポピュリズム 筒井清忠
2171 治安維持法 中澤俊輔
1759 言論統制 佐藤卓己
828 清沢《きよさわ》洌《きよし》(増補版) 北岡伸一
2638 幣原喜重郎 熊本史雄
1243 石橋湛山 増田弘
2515 小泉信三—天皇の師として、自由主義者として 小川原正道

2707 大東亜共栄圏 安達宏昭

現代史